Vorwort

Wie Anleiten bereichern kann

Den ersten Kontakt mit dem Thema „Anleitung von Praktikantinnen“ hatten wir beide während unserer eigenen Berufsausbildung: Damals befanden wir uns selbst in der Rolle der Praktikantin. Die vielen verschiedenen Aufgaben, ob sie nun die theoretische Auseinandersetzung mit pädagogischen Fachthemen betrafen oder die praktische Umsetzung im Alltag, waren nicht immer einfach zu erfüllen. Sie verlangten uns und unseren Anleiterinnen einiges an Zeit und Geduld ab. Jahre später befanden wir uns schließlich in der Rolle der Anleiterin und der Kooperationspartnerin mit dem Lernort Schule. In unserer Lehr- sowie Fortbildungstätigkeit begegnet uns das Thema „Anleitung“ aus einer neuen Perspektive, nämlich aus der schulischen. Und wir erleben, dass das Thema schon jetzt eine große Bedeutung hat. In der Zukunft und in Zeiten des Fachkräftemangels wird diese Bedeutung noch zunehmen. Der pädagogische Alltag stellt uns vor immer komplexere Aufgaben, doch gleichzeitig fehlt es an Zeit. Hier ist es besonders wichtig, Ausbildung auf einem professionellen Niveau zu betreiben.

Das vorliegende Heft nimmt die Rolle der Anleiterin, den Ausbildungsprozess der Praktikantin, aber auch die Verzahnung zwischen Theorie und Praxis in den Blick. Zudem erhalten Sie einen Überblick über die Ausbildungsformen und Studiengänge sowie einen Einblick in die Lernkooperation zwischen (Hoch-)Schule und Praxis.

Das Thema „Anleitung“ kann für alle Beteiligten eine Bereicherung darstellen. Sie als anleitende Fachkraft geben Ihr Erfahrungswissen weiter, übernehmen Verantwortung für eine Berufsanfängerin, unterstützen sie bei der Findung ihrer beruflichen Identität und stehen dabei in regelmäßigem Austausch mit dem Lernort (Hoch-)Schule. Durch diesen Austausch und durch die Vorgaben des Kultusministeriums bekommen Sie auch selbst einen tieferen Einblick in Zusammenhänge, die aus anderen Perspektiven heraus nicht transparent wären. Und auch für die Einrichtung kann die Praktikantin einen Gewinn darstellen, denn sie kann in manchen Bereichen der frühpädagogischen Arbeit zur Entlastung und Unterstützung beitragen, wenn sie eigenverantwortlich Aufgaben übernimmt und durchführt. Das können nicht nur die von der Schule übertragenen Aufgaben sein, sondern auch kleinere Jobs, Erledigungen und Aufgaben im Kita-Alltag. Andererseits können die zusätzlichen Aufgaben, die der Anleitungsprozess mit sich bringt, auch belasten. Sie können in ihrer Komplexität zunehmen, wenn Probleme entstehen oder Konflikte auftreten sollten. Auch hierfür möchten wir Ihnen in diesem Heft Hilfestellung anbieten, und zwar sowohl bei der Gesprächsführung als auch bei möglichen Problemlösungsansätzen in Konfliktsituationen.

Wir laden Sie ein, sich dem Thema „Anleitung von Praktikantinnen“ ohne Scheu zu nähern, sich umfassend über den Themenkomplex zu informieren und dabei auch den ein oder anderen neuen Aspekt zu entdecken, sodass Ihre Arbeit als Anleiterin gut gelingen wird.

Friederike Kott & Renate Maier-Lutz

Als Redaktion setzen wir in all unseren Heften eine gendergerechte Sprache um und verwenden seit einiger Zeit auch den Gender-Star. Da dies bei dem Thema „Anleiten“ in der Häufung der Begriffe „Anleiter*in“ und „Praktikant*in“ zu erheblichen Schwierigkeiten im Lesefluss führt, haben wir uns – ausnahmsweise – dazu entschieden, ausschließlich die weibliche Schreibweise (also „Anleiterin“, „Praktikantin“) zu verwenden. Wir bitten unsere männlichen Leser um Verständnis und darum, sich in diesem Fall mitgemeint zu fühlen.

Friederike Kott

ist Erzieherin und studierte „Management von Erziehungs- und Bildungseinrichtungen“. Sie lehrt an der Berufsfachschule für Kinderpflege in Tübingen und an der ev. Fachschule für Sozialpädagogik in Reutlingen. Zu ihren Tätigkeitsbereichen gehört neben der Praxisbegleitung auch die Mentoren-Fortbildung sowie die Tätigkeit in der eigenen Fortbildungsakademie P-Impuls.

Renate Maier-Lutz

ist Erzieherin und Dipl.-Sozialpädagogin. Sie lehrt an der Berufsfachschule für Kinderpflege sowie an der Fachschule für Sozialwesen in Tübingen. Ein Schwerpunkt ihrer Arbeit ist die Kooperation zwischen den Lernorten Schule und Praxis. Zusammen mit Frau Kott leitet sie die pädagogische Fortbildungsakademie P-Impuls.

Inhalt

Professionelle Bildung, Erziehung und Betreuung will gelernt sein

I. Grundlegende Aspekte zum Thema „Anleiten"

1. Kompetent anleiten – was heißt das?

Bei unseren Fortbildungen zum Thema „Kompetent anleiten" bieten wir den Teilnehmerinnen zum Auftakt folgende Übung an: In der Mitte eines Kreises liegen verschiedene Fotos von unterschiedlichen Türen, etwa ein Foto einer Drehtür, einer Kalendertür, einer Tresortür, einer Kellertür, einer Gartentür usw. Gekoppelt mit der Frage „Was erhoffen Sie sich von der Auseinandersetzung mit dem Thema ‚kompetente Anleitung'?" bitten wir die Teilnehmerinnen, sich für eine Tür zu entscheiden. In der anschließenden Gesprächsrunde fallen dann zur jeweils gewählten Tür passende Aussagen, z. B.: „Ich leite zum ersten Mal eine Praktikantin an und fühle mich noch sehr unsicher dabei. Ich möchte Licht in den dunklen Keller bringen." Andere wiederum teilen uns mit, dass sie schon viele Praktikantinnen angeleitet haben und ihr Wissen durch neue Ideen und Methoden erweitern wollen. Die Antworten der Teilnehmerinnen stehen immer in Bezug zu den Erfahrungskompetenzen, die sie zu diesem Thema gesammelt haben. Diese Erfahrungskompetenz der Anleiterin spielt eine zentrale Rolle für den Anleitungsprozess. Jedoch heißt hohe Erfahrungskompetenz nicht unbedingt, dass Anleitung gerade dann besonders gut gelingt. Umgekehrt stellt wenig Erfahrungskompetenz der Anleiterin nicht unbedingt einen Hindernisgrund für einen guten Anleitungsprozess dar.

Damit wären wir bei der Frage: Kann jeder und jede anleiten, der oder die eine pädagogische Ausbildung hat? Hier macht es Sinn, sich dem Thema aus verschiedenen Blickwinkeln zu nähern und über die einzelnen Phasen des Praktikums Bescheid zu wissen, um etwa gemeinsame Erwartungshaltungen zu klären. Als Anleiterin muss ich mir meiner eigenen Rolle bewusst sein und mich mit dieser vertraut machen. Dabei tauchen viele Fragen auf, beispielsweise: Welche Anforderungen trägt der Lernort Schule an mich heran? Wie reagiere ich, wenn Konflikte in der Anleitung entstehen? Die Liste der Fragen ließe sich fortführen und macht deutlich, dass es einer gewissen Übung und Erfahrung bedarf, um professionell anleiten zu können. Anleiten sollte niemals aus einem Affekt heraus ausgeübt werden, sondern hier sind Professionalität und eigenes Wissen gefragt.

Voraussetzungen und Erfordernisse

Anleitung braucht Rahmenbedingungen, und zwar

- Motivation, um Anleitung überhaupt zu übernehmen,
- eine geeignete pädagogische Fachkraft (werden hierbei auch die gesetzlichen Rahmenbedingungen erfüllt?),
- ein Team, das Anleitung generell befürwortet,
- Öffnungszeiten, die zu den Arbeitszeiten der Anleiterin und der Praktikantin passen,
- die Rückzugsmöglichkeit für Anleiterin und Praktikantin in geeignete Räume, um Gespräche zu führen.

Anleitung bedeutet zusätzliche Zeit für

- Anleitungsgespräche,
- Anleitungstreffen in der Fachschule,
- Fortbildung und/oder Literatur-Recherche zum Thema Anleiten,
- Begleitung bei gezielten Angeboten,
- Begleitung bei Praxisbesuchen vonseiten der Schule,
- gemeinsame Reflexionsgespräche,
- unter Umständen Konfliktgespräche,
- Leistungsbeurteilung.

2. Dem Anleiten einen Rahmen geben

Für das Anleiten einer Praktikantin existieren verschiedene Bedingungen: Der gesetzliche Rahmen gibt vor, dass jede Person, die eine pädagogische Ausbildung hat, anleiten kann. Hier kommt allerdings hinzu, dass die pädagogische Fachkraft mindestens zwei Jahre Berufserfahrung nachweisen muss, damit sie überhaupt anleiten darf. Dies geben die jeweiligen Ausbildungs- und Prüfungsverordnungen, sowohl in der Erzieherinnenausbildung als auch in der Ausbildung zur Kinderpflegerin und zur Sozialassistentin, jeweils vor: „Geeignet ist eine Fachkraft (in diesem Falle die anleitende Person) nach §7 Absatz 2 Nummer 1–3 KiTaG, wenn sie über eine nach abgeschlossener Ausbildung erworbene, in der Regel mindestens zweijährige einschlägige Berufserfahrung in dem Praxisfeld, in dem die Ausbildung jeweils erfolgt, verfügt; ausnahmsweise kann die fachliche Anleitung und Ausbildung mit Zustimmung der Fachschule für Sozialpädagogik auch einer anderen geeigneten Fachkraft übertragen werden. Wird die praktische Ausbildung im Handlungsfeld ‚Sozialpädagogisches Handeln' im Rahmen des Betreuungsangebots einer Schule durchgeführt, können ausnahmsweise auch Lehrkräfte mit der fachlichen Anleitung und Ausbildung betraut werden" (Landesrecht BW, ErzieherVO vom 21.7.2015, §13 Absatz 2).

Die Anleitung einer Studentin darf übernehmen, wer ein pädagogisches Studium absolviert hat und über mindestens zwei Jahre Berufserfahrung verfügt. Ausnahmen bedürfen immer der Genehmigung des jeweiligen Praxisamts der Hochschule oder der Universität. Ideal ist es, wenn die Anleiterin zu mindestens 50% angestellt ist, um Präsenz im Alltag bieten zu können. In manchen Fällen teilen sich auch zwei Kolleginnen die Anleitung.

Zeiten, Dienstpläne, Aufgaben

Das Team einer Einrichtung muss sich darüber im Klaren sein, dass durch das Mentoring zusätzliche Aufgaben für die anleitende Kollegin anfallen. Diese Aufgaben benötigen Zeit, die unter Umständen an anderer Stelle aufgefangen werden muss, etwa wenn die anleitende Kollegin mit der Praktikantin ein Gespräch führt oder den Praxisbesuch begleitet. Je nachdem, wie die Praxiszeiten vorgegeben sind (Praxistage, Praxisblöcke), und je nachdem, wie die Praktikantin in der Einrichtung präsent ist, sollten sich auf jeden Fall Überschneidungen zwischen den Arbeitszeiten von Anleiterin und Praktikantin ergeben. Das hat zur Folge, dass der Dienstplan entsprechend gestaltet werden muss. Die Praktikantin benötigt gerade in der Anfangsphase eine Ansprechpartnerin und Bezugsperson, die ihr das Gefühl der Sicherheit vermittelt. Später, wenn sich gewisse Aufgaben verselbstständigt haben, kann sich die Anleiterin mehr und mehr zurückziehen. Dies hängt allerdings sehr stark von der Persönlichkeit und den Kompetenzen der Praktikantin ab.

Auch wenn es banal klingen mag, so braucht Anleitung auch Raum. Wichtig ist ein Raum, in dem in Ruhe geredet und besprochen werden kann, wo Rückzug möglich ist, Feedback gegeben werden kann, gegenseitige Erwartungshaltungen geklärt werden können und eine Planung der Ausgestaltung der einzelnen Praxisphasen umgesetzt werden kann. Diese Bedingungen können auf den ersten Blick umfangreich und schwierig erscheinen. Vieles ergibt sich aber aus dem Zusammenhang oder lässt sich später in den pädagogischen Alltag integrieren.

3. Ausbildungs- und Praktikumsformen im Überblick

Vom jeweiligen Ausbildungs- bzw. Studiengang der Praktikantin hängt auch die Anleitung ab, denn vonseiten der Fachschulen, Hochschulen und Universitäten sind häufig ganz unterschiedliche Praxisaufgaben vorgegeben. Und auch die verschiedenen Praktikumsformen benötigen jeweils ihren eigenen Rahmen bei der Anleitung.

Praktika, die der beruflichen Orientierung dienen

Häufig bekommen Einrichtungen Anfragen von Schülerinnen, die ein Berufsorientierendes Praktikum oder ein Sozialökologisches Praktikum (Söko) absolvieren wollen. Die Jugendlichen befinden sich meist schon am Ende ihrer schulischen Ausbildung und sollen erste „Schnuppererfahrungen" bezüglich der anstehenden Berufswahl machen. Hierzu brauchen die jungen Menschen eine ganz andere Art von Mentoring als etwa Studierende, da die Ausrichtung und der Sinn und Zweck dieser Praktika ein anderer ist: Es geht darum, einen Einblick in die Berufswelt der pädagogischen Fachkräfte und in die Arbeit mit Kindern zu erhalten und dabei herauszufinden, ob das Interesse sowie die Berufsmotivation so stark ausgeprägt sind, dass dieser Beruf später auch ausgeübt werden soll. „Schnupper"- und Berufsorientierende Praktika bedeuten für die verantwortliche Begleitperson in der Regel weniger zeitlichen Aufwand, da keine Anleitungsgespräche, die sich auf die Planung von Angeboten oder auf die Weiterentwicklung von Kompetenzen beziehen, notwendig sind.

Freiwilliges Soziales Jahr und Bundesfreiwilligendienst

Die Jugendlichen und jungen Erwachsenen, die ihr Freiwilliges Soziales Jahr (FSJ) oder ihren Bundesfreiwilligendienst (BFD) absolvieren, sind ebenfalls im sozialpädagogischen Kontext verortet und benötigen Unterstützung in ihrem praktischen Handeln. Bei der Absolvierung eines FSJ oder eines Jahrs im Bundesfreiwilligendienst benötigt die Praktikantin mehr Anleitung als beim Berufsorientierenden Praktikum bzw. beim Sozialökonomischen Praktikum, da sie in der Regel ein ganzes Jahr in der Arbeit des pädagogischen Alltags mitwirkt. Dennoch sollten Sie sich der Tatsache bewusst sein, dass innerhalb dieses Jahres zwar ein großer Wissens- und Kompetenzerwerb stattfindet, diese Zeit jedoch keinen Abschluss einer Ausbildung zum Ziel hat.

Das Berufsvorbereitungspraktikum/ Vorpraktikum

Bei diesem Praktikum handelt es sich um ein Pflichtpraktikum, das noch vor der schulischen Ausbildung stattfindet. Es gehört zwingend zur Ausbildungszeit des Erzieherinnenberufes und hat je nach Bundesland andere Bezeichnungen. Es dient der Orientierung und, wie die Bezeichnung schon sagt, der Vorbereitung auf den Beruf. Während des Praktikums finden in regelmäßigen Abständen schulische Präsenztage statt. Die Praktikantin steht in dieser Phase noch ganz am Anfang ihrer Ausbildung

und kommt meist von einer allgemeinbildenden Schule. Pädagogische Vorerfahrungen sind eher selten.

Erzieherin und Kinderpflegerin

Vor einigen Jahren gab es nur die klassische Ausbildung zur Erzieherin und dazu die Ausbildung zur Kinderpflegerin. Die Kinderpflegerin unterscheidet sich von der Erzieherin dadurch, dass sie einen „Assistenzberuf" ausübt, also die Erzieherin in ihrer Tätigkeit unterstützt. Auch heute noch verbinden viele, die im pädagogischen Feld nicht beheimatet sind, mit dem Beruf der Kinderpflegerin einen Pflegeberuf. Das ist insofern nicht ganz falsch, als viele Kinderpflegerinnen vor allem im Krippenbereich arbeiten, wo pflegerische Tätigkeiten wie Wickeln zum pädagogischen Alltag gehören. Schaut man sich heute jedoch, gerade im Hinblick auf Fachkräftemangel und multiprofessionelle Teams, die Tätigkeitsfelder einer Kinderpflegerin an, so unterscheiden sich diese kaum mehr von denen der Erzieherin. Die Kinderpflegerin darf lediglich keine Gruppenleitungsfunktion übernehmen. Dies hängt damit zusammen, dass die Ausbildung eine andere Zugangsvoraussetzung (in der Regel einen Hauptschul- oder Werkrealschulabschluss) hat. Zudem dauert sie nur drei Jahre.

Übrigens wird die Berufsbezeichnung „Kinderpflegerin" nur noch in Baden-Württemberg und Bayern verwendet. In allen anderen Bundesländern hat sich die Bezeichnung der Sozialassistentin etabliert. Die Ausbildung zur Erzieherin hat andere Zugangsvoraussetzungen, in der Regel den mittleren Bildungsabschluss oder aber die Fachhochschulreife oder die Allgemeine Hochschulreife (Abitur). Je nach Schulabschluss benötigt man zudem Praktikumserfahrung. In der Regel dauert die Ausbildung zur staatlich anerkannten Erzieherin vier Jahre. Worin genau sich die Ausbildungen in den einzelnen Bundesländern unterscheiden und welche Zugangsvoraussetzungen es dafür jeweils gibt, lässt sich am besten auf den jeweiligen Bildungsservern recherchieren.

Das Berufspraktikum

Am Ende der schulischen Ausbildungszeit steht bei der klassischen Erzieherinnen-Ausbildung und bei der Ausbildung zur Kinderpflegerin bzw. Sozialassistentin das Berufspraktikum (BP). Im Berufspraktikum befindet sich die Praktikantin bereits in einem Arbeitsverhältnis. Sie schließt einen Arbeitsvertrag mit dem Arbeitgeber ab, welcher im Regelfall ca. 80% des Arbeitsumfangs abdeckt. Die Praktikantinnen haben einmal im Monat einen Präsenztag in der Schule und werden auch sonst eng von der Schule begleitet, da weiterhin Praxisbesuche stattfinden und während des Praktikums eine Jahres-/Facharbeit erstellt und praktisch durchgeführt werden muss. Die Praktikantin bringt also schon einiges an Vorkenntnissen, sowohl in der Theorie als auch in der Praxis, mit. Das heißt, dass Ihre Erwartungen an die Berufspraktikantin ganz andere sein sollten als an eine Praktikantin, die noch am Anfang ihrer Ausbildung steht. Dadurch, dass die Praktikantin ein ganzes Jahr lang jeden Tag in der Einrichtung mitarbeitet, ist es selbstverständlich, dass sie auch komplexere Aufgaben, wie z. B. die Gestaltung eines Elternabends oder die Eingewöhnung eines

Vor- und Nachteile verschiedener Praktikumsformen

Vorteile von Präsenzzeiten in Form eines Blockpraktikums

- schnellere Kontaktaufnahme zu Kindern, Kolleginnen und Eltern
- Überblick über den pädagogischen Alltag stellt sich schneller ein
- Wochenstrukturen können miterlebt und mitgestaltet werden
- das Team hat durch den festgelegten Rahmen eine regelmäßige Unterstützung durch die Praktikantin
- prozesshafte, gezielte pädagogische Arbeit und Projektarbeit lassen sich in dieser Praktikumsform gut umsetzen

Nachteile eines Blockpraktikums

- die Praktikantin hat wenig Einblick in den pädagogischen Jahresablauf
- intensive Begleitung der Praktikantin, u. U. verbunden mit vielen Gesprächen, da die Praxisaufgaben innerhalb der komprimierten Praxiszeit abgeleistet werden müssen
- für jüngere Kinder der Einrichtung oder speziell für Kinder in besonderen Lebenslagen gestaltet sich die Ablösung nach gelungenem Beziehungsaufbau zur Praktikantin oftmals schwierig
- alle Praktikumsphasen spielen sich in einem kurzen Zeitfenster ab

Vorteile eines Tagespraktikums während des Gesamtjahres

- die Praktikantin lernt den gesamten Jahresablauf einer Einrichtung kennen
- einfachere Planbarkeit bei der Umsetzung von schulisch übertragenen Praxisaufgaben
- Praktikumsphasen erstrecken sich über das gesamte Jahr

Nachteile eines Tagespraktikums

- der Einarbeitungs- und Kennenlernprozess dauert länger
- wenig Einblick in die pädagogische Wochenstruktur
- oftmals schwierigere Umsetzung von gezielten Angeboten mit den Kindern, da am vorgegebenen Praxistag evtl. andere/neue Angebote in der Einrichtung stattfinden

Kindes mit übernimmt. Ob nun ein Blockpraktikum absolviert werden soll oder die Präsenzzeit in der Kita auf einzelne Tage aufgeteilt ist, hängt ganz davon ab, wie die Schule den Ausbildungsrahmen gestaltet. Jede Form hat für beide Seiten ihre Vor- und Nachteile (s. Kasten links).

Am meisten profitieren Praktikantin und Kita, wenn die Möglichkeit besteht, dass das Team gemeinsam überlegen und entscheiden kann, welche Form von Praktikum für die pädagogische Alltagsstruktur in der Einrichtung passend ist, und vor allen Dingen, welche Form sich im Mentoring gut umsetzen lässt.

Die Praxisintegrierte Ausbildung
Noch relativ jung ist die sogenannte Praxisintegrierte Ausbildung (kurz PiA). Sie wurde im Jahr 2012 in Baden-Württemberg wegen des extremen Fachkräftemangels eingeführt. Sie hat den Zweck, den Erzieherinnenberuf und die damit verbundene vierjährige Ausbildung lukrativer zu machen, nämlich als „duale Ausbildung" mit hohem Praxisanteil und Verdienstmöglichkeit über die gesamte Ausbildungszeit hinweg. Das neu entwickelte Konzept fand und findet bis heute großen Anklang und wird stark genutzt, allerdings sind die Schulplätze hierfür begrenzt. Viele weitere Bundesländer, darunter auch NRW oder Hessen, haben das Konzept übernommen und bieten diese Ausbildungsform mit der engen Verzahnung von Theorie und Praxis für interessierte Anwärterinnen an. Viele PiA-Praktikantinnen bringen einschlägige pädagogische Vorerfahrungen in Form von Praktika mit. Manche haben, bevor sie die Ausbildung beginnen, bereits einen anderen Ausbildungsberuf absolviert und finden in dem neuen Berufsfeld ihre Neuorientierung.

Gerade durch die Integration der Ausbildung in die Praxis gestaltet sich der Mentoringprozess hier anders. So dauert die praktische Ausbildung insgesamt drei Jahre, über die sich auch die schulischen Inhalte der Ausbildung verteilen. Der Träger schließt mit der Auszubildenden einen Arbeitsvertrag ab, in welchem die Formalien geregelt sind. PiA-Praktikantinnen sind in der Regel an zwei Tagen in der Woche in der Einrichtung und an den restlichen Wochentagen in der Schule. Während der Schulferien sind die Auszubildenden in der Einrichtung, die Urlaubsregelung (28 Tage Jahresurlaub) orientiert sich an den Schließzeiten der Einrichtung. Eine Ausbildungsvergütung findet je nach Ausbildungsjahr in gestaffelter Form statt und bewegt sich zwischen € 900 und 1.100 monatlich. Damit eine Umsetzung der Lerninhalte in der Praxis gewährleistet wird, bedarf es der Einblicke in diverse Arbeitsfelder (Kinder bis 3 Jahre, Kinder von 3 bis 6 Jahren, Hort). Kann eine Einrichtung bzw. der Träger diese Arbeitsfelder nicht zur Verfügung stellen, müssen diese sogenannten Fremdpraktika andernorts absolviert werden. Insgesamt finden in jedem Ausbildungsjahr der Praxisintegrierten Ausbildung zwei benotete Praxisbesuche statt.

Die PiA-Ausbildung hat einen hohen Praxisanteil

Studiengänge
Zu den klassischen Studiengängen, wie z. B. dem der Sozialpädagogik, sind in den letzten Jahren weitere Studiengänge hinzugekommen. Seit 2003 gibt es, eingerichtet und gefördert durch die Robert Bosch Stiftung, den Forschungsschwerpunkt „Frühkindliche Bildung". Daraus entstand der Entschluss, das gesamte System der Bildung, Betreuung und Erziehung von Kindern grundlegend zu professionalisieren. Im Zentrum der Reformbemühungen stand deshalb die Qualifizierung von Frühpädagoginnen an Hochschulen (vgl. Robert Bosch Stiftung 2011). So entwickelten sich vielfältige Studiengänge, die im engeren Sinne frühpädagogisch orientiert sind. Diese tragen Titel wie beispielsweise „Kindheitspädagogik", „Pädagogik der Kindheit", „Soziale Arbeit in der Elementarpädagogik", „Elementarbildung", „Frühe Kindheit", „Bildung und Erziehung im Kindesalter" usw.

Auch Studierende müssen am Lernort Praxis angeleitet werden

Durch die Bologna-Hochschulreform wurden in den letzten zehn Jahren Studiengänge auf Bachelor- (Studiendauer 3 bis 4 Jahre) und Masterebene (Studiendauer weitere 1 bis 2 Jahre) eingeführt. „Einerseits werden die Bachelor-Studiengänge an Universitäten ähnlich wie an Fachhochschulen auf die Berufspraxis ausgerichtet. Andererseits sind die Master-Programme der Fachhochschulen ähnlich wie an Universitäten stark forschungsorientiert angelegt" (Robert Bosch Stiftung 2011, S. 26). Die inhaltliche und strukturelle Gestaltung eines Studiengangs regeln das jeweilige Landeshochschulgesetz und die Studien- und Prüfungsverordnung der entsprechenden Hochschule. Im Rahmen des Hochschulstudiums gibt es auch Praxiszeiten, die am jeweiligen Praxislernort abgeleistet werden. Dazu zählen einwöchige Praktika, Blockpraktika oder praktische Studiensemester. In der Regel sind im Laufe des gesamten Studiums drei mehrwöchige Praktika vorgesehen. Die **Duale Hochschule** bringt eine gewisse Besonderheit mit sich: Sie verbindet das Studium an einer Studienakademie durchgängig mit der praxisorientierten Ausbildung in den beteiligten Ausbildungsstätten (duales System).

Die Studierenden kommen, wie auch die anderen Praktikantinnen, mit spezifischen Aufgabenstellungen in die Praxis. Diese Aufgaben unterscheiden sich jedoch in der Regel von den Aufgaben, die angehende Erzieherinnen in ihren Praktika bearbeiten müssen. Demnach ergeben sich für die Anleitung von Studierenden spezielle Anforderungen an Sie als Anleiterin (s. dazu auch Kapitel III). Studierende müssen am Lernort Praxis grundsätzlich angeleitet werden und werden auch vonseiten der Hochschule innerhalb der Praxisphasen begleitet. Oft deckt der Elementarbereich nur ein kleines Feld innerhalb des gesamten Studiums ab. Praktische Studiensemester können außer in Krippen und Kitas beispielsweise auch in der Schulsozialarbeit, auf Jugendfarmen, in Familienzentren, bei der Fachberatung für Kindertageseinrichtungen, den Frühförderstellen, den Hilfen zur Erziehung und in etlichen weiteren Tätigkeitsbereichen stattfinden.

Ganz egal, welche Ausbildungs- oder Praktikumsform Sie anleiten: Damit der Mentoringprozess gut verlaufen kann, ist es wichtig, von Anfang an im gemeinsamen Gespräch gegenseitige Erwartungen und die damit verbundenen Aufgaben zu besprechen und am besten auch schriftlich festzuhalten. Dadurch kann Missverständnissen vorgebeugt werden.

Die Anleiterin hat ganz unterschiedliche Rollen

II. Die Rolle der Anleiterin

1. Rollenaspekte und Aufgaben

Aus der Praxis

Die Erzieherin Tanja wird von ihrer Einrichtungsleitung, Frau Sommer, gefragt, ob sie sich vorstellen könnte, im neuen Kindergartenjahr eine Praktikantin anzuleiten. Tanja schreckt zunächst vor der Aufgabe zurück und erbittet sich Bedenkzeit. Sie ist unsicher, ob sie schon dazu bereit ist, hat sie doch vor drei Jahren selbst erst ihre Ausbildung zur Erzieherin abgeschlossen. Viele Gedanken gehen ihr in den kommenden Tagen durch den Kopf:

- Habe ich selbst schon genügend Erfahrung, um anzuleiten?
- Kann ich die neue Rolle mit all ihren Anforderungen ausfüllen?
- Ich habe schon viele Aufgaben in der Kita, bekomme ich alles unter einen Hut?

Nach einigen Tagen Bedenkzeit sucht Tanja das Gespräch mit Frau Sommer. Inzwischen haben sich ihre Zweifel gelegt und sie möchte die Anleitungstätigkeit gern übernehmen. Sie bedankt sich bei Frau Sommer dafür, dass sie ihr diese Aufgabe zutraut. Im weiteren Gespräch wird deutlich, dass Frau Sommer Tanjas Kompetenzen schätzt und der Meinung ist, dass sie diese durch die Anleitungstätigkeit noch weiter ausbauen kann. Frau Sommer sieht in der Übertragung der neuen Rolle mit all ihren Aufgaben den Aspekt der Personalentwicklung. Um Tanja ihre Unsicherheit zu nehmen, bietet Frau Sommer an, ihr im ersten Anleitungsjahr beratend zur Seite zu stehen. Aus ihrer eigenen Ausbildungszeit kann sich Tanja besonders an eine kompetente Anleiterin sehr gut erinnern. An deren Anleitungsstil möchte sie sich für den Anfang orientieren, bis sie dann selbst ihren eigenen Anleitungsstil gefunden hat. Sie möchte sich auf die neue Rolle einlassen.

Personale Voraussetzungen

Jedes Jahr stellen sich Kita-Teams die Frage neu: Wer übernimmt in diesem Jahr eine Anleitungsrolle und wie viele Praktikantinnen können wir überhaupt anleiten? Aufgrund des Personalnotstands in den Kindertageseinrichtungen ist die zweite Frage sehr berechtigt. Denn Praktikantinnen erfordern Zusatzzeit und Mühe. Wer anleiten möchte, sollte sich für diese Aufgabe idealerweise bewusst entscheiden. Die Einrichtungsleitung sollte dabei einen ressourcenorientierten Blick auf das Gesamtteam haben: Wer bringt die entsprechenden Voraussetzungen mit und möchte überhaupt die Rolle der Anleitung übernehmen?

Schwierigkeiten können auftreten, wenn die Mitarbeiterin …

- nicht über die entsprechenden Basiskompetenzen verfügt,
- die Rolle der Anleitung nicht übernehmen möchte, diese aber übernehmen muss,
- in der eigenen Ausbildungsbiografie kein Anleitungsvorbild zur Verfügung hatte, das zur Ausgestaltung der Anleitungsrolle herangezogen werden kann.

Wer aus unserem Team kann anleiten? Welche Aspekte sind wichtig?

Im folgenden Abschnitt möchten wir nun näher auf den Rollenbegriff und die daraus resultierenden Konsequenzen für die Anleitungsrolle eingehen.

Der Rollenbegriff

In der Soziologie nimmt der Rollenbegriff eine zentrale Stellung ein. Er bezieht sich grundsätzlich auf menschliche Verhaltensweisen. „Zu jeder Stellung, die ein Mensch in der Gesellschaft einnimmt, gehören Verhaltensweisen, die man von dem Träger dieser Position erwartet“ (Ellermann 2010, S. 43). So gehen mit dem Rollenbegriff spezifische Verhaltenserwartungen und Rollenattribute einher. Die Ausgestaltung dieser Verhaltensweisen vollzieht sich immer auf dem Hintergrund der individuellen Persönlichkeit des Rollenträgers. Was heißt das für die Rolle der Anleiterin?

Die Rolle der Anleiterin setzt sich nicht nur aus spezifischen Anleitungsaufgaben und Erwartungen zusammen, sondern sie markiert im System der Kita eine bestimmte Position und beinhaltet immer auch die individuelle Persönlichkeit der Anleiterin. Die Anleiterin muss sich gegenüber den vielfältigen Erwartungen, die ihrer Rolle entgegengebracht werden, positionieren. Diese reichen von normativen Erwartungen (gesetzliche Erwartungen, die von der Anleiterin erfüllt werden müssen) über sogenannte Soll-Erwartungen bis hin zu persönlichen Erwartungen (s. dazu auch Kasten rechts).

„Obwohl die soziale Rolle uns nicht verraten kann, wie der Rolleninhaber sich tatsächlich verhalten wird, wissen doch die anderen, wie er sich verhalten soll, um seiner Rolle gerecht zu werden“ (Ellermann 2010, S. 43). Die Rolle authentisch und professionell zu gestalten, ist für Anfängerinnen wie auch für erfahrene Anleiterinnen einer der wichtigsten Aspekte im Anleitungsprozess. Authentisch zu sein heißt an dieser Stelle, die eigene Persönlichkeit, die eigenen Erfahrungen, Überzeugungen und die eigene Begeisterung für den Beruf zum Ausdruck zu bringen. Denn dann kann es gelingen, dass der berühmte „Funke“ auf die Praktikantin überspringt und dadurch nachhaltige Entwicklungsprozesse angeregt werden. Zur professionellen Gestaltung der Rolle gehört es, diese regelmäßig zu reflektieren und vor allem eine Balance zwischen Nähe und Distanz zu halten. Distanz ist erforderlich, um die Praktikantin am Ende des Praktikums zu bewerten oder um im Rahmen von Anleitungsgesprächen auch kritische oder unangenehme Themen ansprechen zu können. Um die Anleitungsrolle mit all ihren Facetten zu beleuchten, möchten wir sie im folgenden Abschnitt noch detaillierter darstellen. Sie als Anleiterin erfüllen ganz unterschiedliche Rollenaspekte, aus denen sich konkrete Aufgaben ableiten lassen.

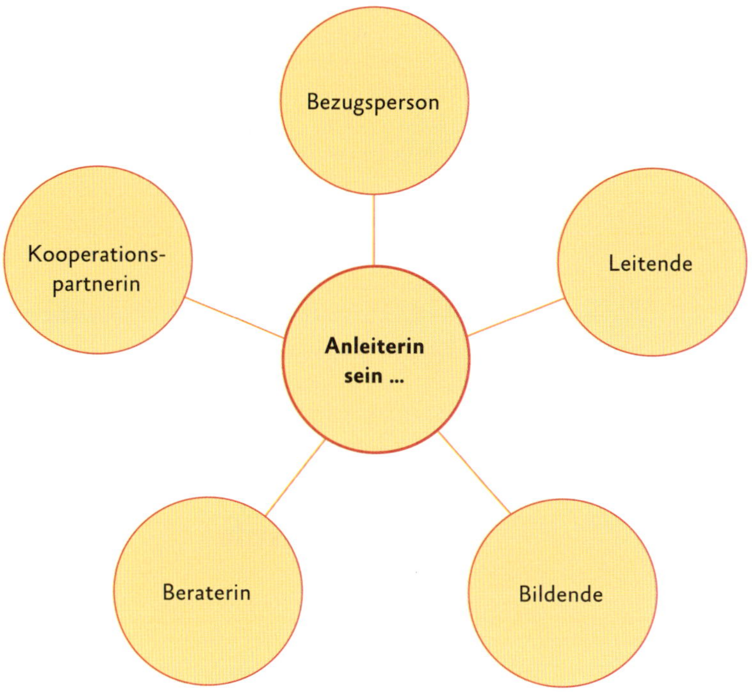

Die unterschiedlichen Rollen der Anleiterin

Grundsätzlich gilt: Die verschiedenen Rollenaspekte (s. Grafik) sind nicht festgelegt und vermischen sich im Alltag. So ist die Anleiterin für die Praktikantin eine wichtige Bezugsperson im System Kita. Sie ist interessiert, hört zu, bietet bei Bedarf Unterstützung an und gestaltet die Arbeitsbeziehung zu der Praktikantin. Sie ist aber auch Leitende: Sie strukturiert den Ausbildungsprozess, bestimmt mit der Praktikantin Ziele für deren individuelle Entwicklung, überträgt Aufgaben, gibt Feedback und achtet darauf, dass die rechtlichen und einrichtungsbezogenen Vorgaben eingehalten werden. Als Bildende ist sie am Lernort Praxis für die Durchführung und Gestaltung der Theorie-Praxis-Verknüpfung mitverantwortlich und initiiert dabei Lernprozesse. Diese vollziehen sich durch die Arbeit am Kind, durch das Übertragen von Aufgaben und im Rahmen von Anleitungsgesprächen. Häufig wird die Anleiterin auch als Beraterin tätig. Sie bietet der Praktikantin Beratung zu unterschiedlichen Praxisthemen an und vermittelt dadurch Orientierung und Sicherheit. So gibt sie beispielsweise in Anleitungsgesprächen und in der praktischen Arbeit Anregungen und ist der Praktikantin stets ein Vorbild. Als Anleiterin gehen Sie auch eine Kooperationsbeziehung ein. Sie sind Kooperationspartnerin für die Schule und hier insbesondere für die betreuende Praxislehrkraft. Wesentliche Inhalte sind hierbei der Besuch von Anleiterinnen-Treffen, Praxisbesuche, Bewertung und Einschätzung hinsichtlich der beruflichen Eignung der Praktikantin oder Telefonate und Gespräche, wenn es Schwierigkeiten gibt.

Wir erleben es oft, dass auch erfahrene Erzieherinnen vor dieser neuen Rolle zurückschrecken: aus Gründen des Personalmangels, der insgesamt gestiegenen Erwartungen an die pädagogischen Fachkräfte oder aus Scheu, die neue Rolle mit all ihren Anforderungen und eventuell auch Ungewissheiten wahrzunehmen. Unsicherheiten und Befürchtungen drücken sich häufig in folgenden Fragen aus:

- Kann ich mit der Schule kooperieren?
- Wie wird die Praktikantin sein? Wird sie zuverlässig und interessiert sein?
- Was mache ich, wenn es Probleme in der Anleitung gibt?
- Habe ich genügend Erfahrung und Fachkompetenz?
- Bekomme ich alle Rollen unter einen Hut?

U.v.m.

Unterschiedliche Erwartungen an Anleiterinnen

Muss-Erwartungen: gesetzlicher Rahmen (z. B. mindestens zwei Jahre Berufserfahrung), Bereitschaft zur Zusammenarbeit zwischen Einrichtung und Schule, Ausbildung nach einem zuvor abgestimmten Plan zwischen Schule und Einrichtung

Soll-Erwartungen: Anleitungsgespräche, Anleiterinnen-Treffen an der Schule, Verschriftlichung und Überprüfung von Ausbildungszielen gemeinsam mit der Praktikantin, Begleitung der Praxisaufgaben der Praktikantin in beratender Form, Beobachtung der Praktikantin im Umgang mit den Kindern, Feedback dazu an die Praktikantin, Durchsicht des Praxisordners der Praktikantin in regelmäßigen Abständen, Bewertung der Praktikumsleistung

Kann-Erwartungen: verständnisvoller und empathischer Umgang mit der Praktikantin, Motivation, Unterstützung

Vielleicht haben Sie sich diese oder ähnliche Fragen auch schon gestellt? Wir wollen Sie dazu ermutigen, sich auf die Anleitungsrolle einzulassen und in die Rolle hineinzuwachsen. Die individuelle Entwicklung mit und in der Rolle ist Teil Ihres eigenen Wachstumsprozesses. Dieser schließt im Idealfall die eigene Persönlichkeit, die bisherige Rolle innerhalb der Einrichtung und die bis dahin entwickelte individuelle Professionsrolle mit ein. Gelingt es Ihnen, alle Anteile harmonisch zu verbinden, so verspüren Sie Wohlbefinden und einen persönlichen und fachlichen Gewinn durch die Anleitungsaufgabe.

2. Anleitungsstile

Ziel jeder Art von Ausbildung ist es, dass die Praktikantin am Ende der Ausbildung die notwendige Handlungskompetenz entwickelt hat, die das Berufsfeld und die zukünftige Stelle ihr abverlangen. Um dorthin zu gelangen, sind nicht nur die Motivation und das Engagement der Praktikantin wichtig, die Anleiterin sollte ihr auch die nötigen Erfahrungsräume lassen. Sie sollte die Praktikantin „da abholen, wo sie gerade steht".

Was heißt das genau?

- Anleitung in Form von Zutrauen und Fordern, ohne zu überfordern
- Anleitung, die dort unterstützt, wo Unterstützung benötigt wird, dann aber auch nötige Freiräume für eigenes Erproben einräumt
- Anleitung, die begleitet und lenkt, wenn sich Unsicherheiten oder Passivität einstellen

Hier wird deutlich, dass es für das Anleiten kein Rezept gibt. Vielmehr geht es darum, mit Individualität umzugehen und dabei die optimale Balance zwischen den Anforderungen des Berufsfelds und der Schule, dem Kompetenzstand der Praktikantin und Ihrem eigenen Anleitungsstil zu finden und zu gestalten. Dies ist die Grundlage für gelingende Bildungsprozesse. Um diesen Ansprüchen gerecht zu werden, ist es ratsam, die Praktikantin zunächst kennenzulernen und zu beobachten. Denn über Beobachtungen und Gespräche ist es möglich, den individuellen Kompetenzstand einschätzen zu können. Aufbauend auf diesen Erkenntnissen können Sie dann Ihren Anleitungsstil entsprechend anpassen. Die folgende Tabelle liefert Anregungen zur Umsetzung eines kompetenzbewussten Anleitungsstils. Dabei lässt sich grundsätzlich feststellen: Je weniger Kompetenzen Ihre Praktikantin mitbringt, desto mehr bedarf es einer lenkenden Anleitung in Form von Strukturierung, direkter Anweisung und Rückmeldung im Alltag. Diese Art der Anleitung gibt Ihrer Praktikantin die nötige Sicherheit und schafft einen klaren Rahmen, innerhalb dessen sie selbst tätig wird.

Kompetenzen der Praktikantin und passende Anleitungsstile

geringe Kompetenz und viel Engagement	**lenken** = direkte Anweisungen, direkte Rückmeldung, Strukturierung
einige Kompetenz und geringes Engagement	**anleiten** = zu Beginn gemeinsam agieren, später tritt die Anleiterin immer mehr in den Hintergrund, ermutigt und gibt bei Bedarf Feedback
hohe Kompetenz und schwankendes Engagement	**unterstützen** = zutrauen, anerkennen, zuhören und beratend zur Seite stehen
ausgeprägte Kompetenz und hohes, stabiles Engagement	**delegieren** = Verantwortung und Aufgaben übertragen

Quelle: Fischer/Speck-Giesler 2014, S. 114

Unterschiedliche Anleitungsstile

Begleitendes und unterstützendes Anleiten	Verwaltendes und organisierendes Anleiten
• auf persönliche Beziehung ausgerichtet	• auf Sachziele ausgerichtet
• ausgleichen	• Ordnung schaffen
• einbeziehen	• fordern
• einfühlsam sorgen	• kontrollieren
• Beziehungsklima im Blick	• planen und strukturieren
• einfühlendes Fördern	• abgrenzen
• persönlich geführte Gespräche	• technische Details im Blick
• kreative Freiheit	• Termine
• liebevolles Hinweisen	• Logik und Argumente
	• festgelegte Zielvorgaben überprüfen
	• einfordern

Quelle: Fischer/Speck-Giesler 2014, S. 48 f.

Neben den Kompetenzen der Praktikantin spielen natürlich auch das Engagement und die Motivation eine wichtige Rolle, wenn es um ihre Entwicklungsmöglichkeiten geht. Diese Faktoren sollten in der Art und Weise, wie angeleitet wird, Beachtung finden. So benötigt eine eher passive Praktikantin sehr viel mehr gemeinsames Agieren und regelmäßiges Feedback über ihre Wirkung als eine Praktikantin, die sich hoch motiviert mit einer fragenden Haltung in den Alltag einbringt.

Große Unterschiede ergeben sich zwischen Berufsanfängerinnen und Praktikantinnen im Berufspraktikum. Eine Berufspraktikantin mit gut entwickelten Kompetenzen benötigt weitaus mehr Erfahrungsräume sowie Aufgaben, die sie bereits selbstständig umsetzen darf. Bei einer Berufsanfängerin hingegen ist aufgrund des noch niedrigen Kompetenzstandes die Aufsichtspflicht nur eingeschränkt übertragbar. Daher wird sie noch viele Aufgaben in Begleitung von Kolleginnen oder mit Ihnen gemeinsam durchführen. Solch eine intensive Begleitung ist gerade in der Einarbeitungsphase sehr wichtig, um der Praktikantin die nötige Sicherheit für Exploration zu geben. Da Ihre Rolle als Anleiterin eine Schnittstelle zwischen Ihrer Persönlichkeit und Ihrer spezifischen Stellung im System der Kita darstellt, spiegelt sich natürlich auch Ihre eigene Einstellung in Ihrem Anleitungsstil wider. Grundsätzlich kann zwischen einem begleitenden und unterstützenden Anleiten und einem eher verwaltenden und organisierenden Anleitungsstil unterschieden werden (s. Tabelle).

Welchem Stil würden Sie sich selbst eher zuordnen? Was entspricht Ihrem Naturell? Gibt es im jeweiligen anderen Anleitungsstil Verhaltensweisen, die Ihnen in der Umsetzung Mühe bereiten? Möglicherweise weil sie mit Ihrem eigenen Selbstbild nicht übereinstimmen? Professionelles Anleiten verlangt von Ihnen, über den eigenen Anleitungsstil, die eigene „Komfortzone" hinauszublicken, um sich gemeinsam mit der Praktikantin weiterzuentwickeln. Denn diese nimmt durch ihre Art und ihre Verhaltensweisen Einfluss auf Ihren Anleitungsstil (vgl. Fischer/Speck-Giesler 2014). Das folgende Praxisbeispiel soll dies verdeutlichen (s. Seite 14).

Fürs Anleiten gibt es kein Rezept!

Aus der Praxis

Marie absolviert ihre Ausbildung zur Jugend- und Heimerzieherin und befindet sich im ersten Ausbildungsjahr, dem Unterkurs. Birgit leitet Marie an. In den letzten Wochen konnte sich Birgit ein Bild von Maries Kompetenzstand machen. Marie bringt einige Vorerfahrungen aus ihrem FSJ mit, ihr Kompetenzstand ist aufgrund des Ausbildungszeitraums aber noch recht gering. Bisher verlief die Anleitung recht reibungslos. In letzter Zeit kommt es aber immer wieder vor, dass Marie zu spät zur Arbeit erscheint und die vereinbarten Angebote nur dann umsetzt, wenn sie gerade Lust dazu hat. Birgit sieht sich in ihrem Anleitungsstil im Bereich des unterstützenden und begleitenden Anleitens. Daher bespricht sie mit Marie die Vorfälle und überlegt, wie sie Marie unterstützen könnte. In den folgenden Tagen erinnert Birgit Marie immer wieder an Vereinbarungen, motiviert und ermutigt sie, besorgt ihr sogar einen Kalender, den sie zukünftig führen soll. Als Marie von ihren Antriebsschwierigkeiten berichtet, zeigt sich Birgit verständnisvoll. Sie vereinbaren, dass Marie ihre Angebote zunächst allein durchführt, um sie nicht unnötig unter Druck zu setzen. Marie bemüht sich, doch nach zwei Wochen fällt sie wieder in ihr altes Verhaltensmuster zurück. Sie berichtet von einigen Angeboten, die sie ohne vorherige Absprache durchgeführt hat. Birgit kann ihr dazu keinerlei Rückmeldung geben und hat selbst keinen Überblick mehr darüber, welche Aufgaben nun schon erledigt sind und welche noch ausstehen.

In diesem Fall wäre es sicher ratsam gewesen, den Anleitungsstil an die Situation und die Praktikantin anzupassen. Dabei sollte die Anleiterin Birgit zu einem eher verwaltenden und organisierenden Anleitungsstil wechseln – auch dann, wenn dieser nicht ganz ihrer eigenen Einstellung entspricht. Die Situation und die Praktikantin verlangen von ihr als Anleiterin, ihren Anleitungsstil in diesem Fall zu variieren und zu erweitern. Denn damit kann es ihr gelingen, wichtige Lernprozesse bei Marie anzuregen und einzufordern.

Welche Vorerfahrungen und Kompetenzen bringt die Praktikantin mit?

3. Wichtige Grundprinzipien der Anleitung

Welche Prinzipien in der Anleitung von Praktikantinnen umgesetzt werden, ist grundsätzlich abhängig von der Situation, den Ausbildungszielen, der Persönlichkeit und dem Leitungsstil der Anleiterin. Und wie schon erwähnt, spielt auch der Kompetenzstand der Praktikantin eine wichtige Rolle. Ein allgemeingültiges Rezept gibt es natürlich nicht. Es ist gut, wenn Sie als Anleiterin eine gewisse Flexibilität für die Ausgestaltung des Praktikums mitbringen können. Denn so werden Sie effektiv und methodisch sinnvoll auf die sich ergebenden Situationen und den individuellen Entwicklungsprozess Ihrer Praktikantin einwirken können.

Wir wollen in diesem Abschnitt einige methodische Anregungen geben und beleuchten, welche Vorgehensweisen für die Lernprozesse Ihrer Praktikantin hilfreich sind. Um Ihre Praktikantin in ihren Lernprozessen gut unterstützen zu können, kommt es auf eine Mischung von verschiedenen methodischen Anleitungsfähigkeiten an. Anleiten kann bedeuten, die Praktikantin

- zu beobachten,
- zu informieren,
- ihr zu helfen,
- ihr Erklärungen zu geben,
- sie zu konfrontieren,
- sie zu fordern,
- ihr ein Vorbild zu sein.

Wenn wir Seminare zum Thema „Anleitung von Praktikantinnen" geben, stellen wir bei der biografischen Selbstreflexion der Teilnehmerinnen zur eigenen Praktikumserfahrung immer wieder fest, dass von den damaligen Praktikantinnen folgende Aspekte als besonders nachhaltig und lernförderlich empfunden wurden: Zunächst sei hier die vertrauensvolle Anleitungsbeziehung erwähnt. Fühlt sich die Praktikantin angenommen und willkommen, so kann sie sich angst- und stressfrei den Praktikumsthemen zuwenden und sich im Vertrauen zu ihrer Anleiterin auch schwierigen oder heiklen Themen öffnen. Es geht also um einen gewissen Vertrauensvorschuss, den Sie als Anleiterin ganz zu Beginn des Praktikums gewähren sollten. Ein weiterer wesent-

Vormachen –	Mitmachen –	Nachmachen –	Selbstmachen
Orientierung geben und bewusste Beobachtungen fördern	Gemeinsames pädagogisches Handeln in einem Zustand der Einbindung und des Angebunden-Seins	Erfahrungslernen und gemeinsame Reflexion	Selbstständigkeit und Selbsttätigkeit

licher Aspekt ist die Hilfestellung. Das heißt nicht, dass Sie als Anleiterin für die Praktikantin Aufgaben übernehmen. Ganz im Gegenteil: Sie lassen die Verantwortung für den eigenen Lernprozess bei Ihrer Praktikantin, überlegen mit ihr gemeinsam, was sie an Unterstützung benötigt, oder übernehmen zunächst mit ihr gemeinsam die gestellte Aufgabe und bieten sich dabei als Vorbild an. Wegen der Prozesshaftigkeit von Lernerfahrungen empfehlen wir, Anleitung und alle damit verbundenen neuen Lernprozesse und Herausforderungen nach dem methodischen Grundprinzip „Vormachen – Mitmachen – Nachmachen – Selbstmachen" zu planen und zu begleiten (s. Abbildung oben).

Dieses schrittweise Vorgehen stellt einen Lernprozess dar, der sich in überschaubaren Etappen vollzieht, die Beziehung zwischen Anleiterin und Praktikantin stärkt und am Ende in die Verselbstständigung von pädagogischen Handlungskompetenzen mündet. Um zu lernen und zu wachsen, bedarf es aber auch bestimmter Herausforderungen. Der Grat zwischen Herausforderung und Überforderung ist häufig schmal. Der gemeinsame Austausch und die Beobachtung der Praktikantin sind entscheidend dafür, dass Sie als Anleiterin dazu in der Lage sind, Ihre Praktikantin einzuschätzen, sie herauszufordern, ohne sie zu drängen oder sie zu überfordern.

Damit sich die Praktikantin sicher fühlen kann, möchte sie auch wissen, was sie nicht tun soll oder anders machen könnte. Grenzenlose Freiheiten in Verbindung mit mangelnder Anleitung schaffen Unsicherheiten, Konflikte oder das Gefühl, sich selbst überlassen zu sein. Also scheuen Sie sich nicht, klare Anweisungen zu geben, Grenzen aufzuzeigen, Regeln zu erklären, die Einhaltung aber auch einzufordern sowie Erwartungen aneinander von Anfang an zu besprechen. Kennen Sie aus Ihrer eigenen Praktikumserfahrung auch noch folgende Sätze oder haben Sie diese vielleicht erst vor Kurzem gegenüber Ihrer Praktikantin ausgesprochen?

- „Du machst das schon!
- Du hast alle Freiheiten der Welt!
- Wenn du Fragen hast, melde dich!
- Da müssen wir uns mal Zeit nehmen.
- Wir kümmern uns alle um dich"

(Ellermann 2010, S. 94).

Zunächst klingen diese Aussagen nicht unbedingt schlecht. Doch würden Sie als Praktikantin diese Sätze hören wollen? Was würden sie bei Ihnen auslösen? Hier wird schnell deutlich, dass Vertrauen, das keine Grenzen kennt, und Freiheit, die sich auf mangelndes Interesse oder knappe Zeit gründet, von der Praktikantin schnell als Gleichgültigkeit, Unsicherheit oder Bequemlichkeit empfunden werden. Das trägt dazu bei, dass Ihre Praktikantin nur sehr schwer Vertrauen und Sicherheit erlangen kann, um sich gut zu entwickeln. Praktikantinnen wünschen sich Interesse an ihrer Person und ihrer Arbeit. Sie möchten Eigeninitiative entwickeln und Gelegenheiten bekommen, sich auszuprobieren. Sie möchten Freiräume, aber auch Verbindlichkeit (vgl. ebd.).

Die Erarbeitung eines individuellen Ausbildungsplans gehört dazu

III. Den Ausbildungsprozess strukturieren

1. Der gemeinsame Weg durch die Praktikumsphasen

Als Anleiterin durchlaufen Sie mit Ihrer Praktikantin unterschiedliche Praktikumsphasen. Die Praktikumsphasen gliedern den Ausbildungsprozess und sind richtungsweisend für die thematischen Inhalte der Anleitungsgespräche. Diese erstrecken sich über insgesamt fünf Praktikumsabschnitte (s. Schaubild rechts).

Die Pfeile des Schaubilds weisen darauf hin, dass die Phasen aufeinander aufbauen und die Übergänge fließend verlaufen. Unabhängig davon, ob es sich um ein Berufspraktisches Jahr, ein Blockpraktikum oder ein Tagespraktikum (einmal in der Woche über ein Jahr) handelt, trifft dieses Phasenmodell auf alle Praktikumsformen zu. Allerdings muss an dieser Stelle darauf hingewiesen werden, dass die Zeitangaben entsprechend den unterschiedlichen Praktikumsformen variieren können, denn Praktikantinnen, die jeden Tag in der Einrichtung sind, können sich natürlich schneller einarbeiten als Praktikantinnen, die lediglich einen Tag pro Woche in der Einrichtung verbringen. Eine Unterteilung der Praktikumszeit in Phasenabschnitte verschafft Ihnen und Ihrer Praktikantin Übersicht. Sie bietet Strukturierung und ermöglicht eine differenzierte Betrachtung der Aufgaben und Themen, sowohl für die Praktikantin als auch für Sie als Anleiterin.

Phasen eines Praktikums

Phase der Orientierung
→ Kennlernen (ca. 1 bis 2 Wochen)

Phase der Auseinandersetzung
→ Sich vertraut machen (ca. 1 Monat)

Phase der Erprobung und Differenzierung
→ Sicherheit erwerben durch angeleitetes praktisches Erproben in Teilbereichen (ca. 2. bis 3. Monat)

Phase der Verselbstständigung und Vertiefung
→ Weitgehend selbstständiges Arbeiten (4. bis 10. Monat)

Phase der Ablösung und des Abschlusses
→ Abschiednehmen, Auswerten (letzter Monat)

Die Orientierungsphase beinhaltet die Einarbeitung der Praktikantin und erstreckt sich, gemessen an einem Jahrespraktikum, über etwa ein bis zwei Wochen. Nach dieser ersten Orientierungsphase ist die Einarbeitung bestimmt noch nicht abgeschlossen, dennoch hat Ihre Praktikantin Räume, Mitarbeiterinnen, Kinder, Eltern, Regeln und die Tagesstrukturen bis dahin kennengelernt und kann sich im Alltag orientieren. Es geht daher in der Orientierungsphase in erster Linie um ein Bekannt- und Vertrautmachen mit Personen und Gegebenheiten der Einrichtung.

Nach ca. zwei Wochen ist es für Ihre Praktikantin wichtig, aus einer eher passiven, durch Beobachtung geprägten Rolle in eine aktive Auseinandersetzungsphase zu wechseln, in der sie sich mit den zuvor wahrgenommenen und kennengelernten Aspekten des pädagogischen Alltags aktiv auseinandersetzt. Praktikantinnen, die entsprechende Lerndispositionen mitbringen, wie beispielsweise Interesse, Engagement und kommunikative Fähigkeiten, gelingt der Phasenübergang in der Regel leichter als Praktikantinnen, die sich schüchtern, wenig engagiert und eher introvertiert zeigen. Sie können unterstützend einwirken, indem Sie in dieser Phase Ihrer Praktikantin konkrete, dem Ausbildungsstand angemessene Aufgaben geben, sie bei der Umsetzung begleiten und ggf. unterstützen sowie regelmäßig Feedback geben. Feedback kann als ein „Kurz-Feedback" in der Situation erfolgen oder ausführlicher im Anleitungsgespräch stattfinden. Auch in dieser Phase sind Ihr Vorbild und das gemeinsame Agieren sehr wertvoll für den Entwicklungsprozess, den Ihre Praktikantin nun durchläuft.

Nach ca. einem Monat gelangt die Praktikantin in die Phase der Erprobung und Differenzierung. Jetzt übernimmt sie bereits weitgehend selbstständig kleine Teilbereiche. Um die Selbstständigkeit und Eigenverantwortlichkeit zu unterstützen, ist Ihre Präsenz als Anleiterin auch in dieser Phase gefragt: nun weniger als Vorbild, sondern vor allem als Gesprächs- und Reflexionspartnerin.

Nach dem zweiten bis dritten Monat erreichen Sie mit Ihrer Praktikantin die Phase der Verselbstständigung und Vertiefung. Diese Phase des Praktikums ist zeitlich gesehen der Hauptteil des Praktikums. Ihre Praktikantin hat bis dahin viel gelernt, sich bereits selbst erprobt und vie-

Die ersten ein bis zwei Wochen gehören zur Orientierungsphase

Zusammenfassung

Zusammenfassend kann festgestellt werden:

- Das Phasenmodell führt die Praktikantin schrittweise in die Selbstständigkeit.
- In allen Phasen findet eine personale und fachliche Weiterentwicklung der Kompetenzen der Praktikantin statt.
- Die Anleiterin ist vom Beginn des Praktikums bis zum Schluss wichtige Lernbegleiterin.
- Die Aufgaben und Themen der Anleiterin verändern sich entsprechend den einzelnen Praktikumsphasen.
- Auch für die Praktikantin ergeben sich in den einzelnen Phasen unterschiedliche Aufgaben und Themen, die zu bearbeiten sind (s. Kapitel III. 4: Die Rolle der Praktikantin).

le Erfahrungen gesammelt. Darauf aufbauend soll sie diese Erfahrungen nun vertiefen und erweitern. Neben den fachlichen Kompetenzen gewinnen in dieser Phase zunehmend personale Kompetenzen, wie z.B. Selbstständigkeit, Eigenverantwortlichkeit, Zuverlässigkeit und Kooperationsfähigkeit, an Bedeutung. Sie können Ihre Praktikantin in dieser Phase unterstützen, indem Sie sie ermutigen, ihr etwas zutrauen und Freiraum geben. Dennoch sollten Sie natürlich präsent sein, indem Sie beobachten, rückmelden und ggf. Unterstützung bei der Ideenfindung oder der konkreten Umsetzung anbieten. Im Berufspraktikum finden in dieser Phase häufig eine Projektdurchführung oder die Delegation von bereits vertrauten Aufgaben statt.

Die verschiedenen Aufgaben können am Anfang herausfordernd sein

Im letzten Monat des Praktikums heißt es für Anleiterin und Praktikantin Abschied zu nehmen. Dies geschieht in der Phase der **Ablösung und des Abschlusses**. Insbesondere der Abschied und der damit verbundene Übergang stellt für die Praktikantin ein Thema dar, das besprochen und bearbeitet werden muss. Die Praktikantin hat bis hierhin einen Lernweg zurückgelegt, den Sie als Anleiterin begleitet haben. Daher ist es wichtig, im Anleitungsgespräch zurückzuschauen, den gemeinsamen Weg nochmals zu beleuchten und dabei die vollzogene Entwicklung sowie die Ausbildungsziele in die Auswertung und Reflexion miteinzubeziehen. Ein solches Auswertungsgespräch ist auch im Hinblick auf die Beurteilung der Praktikumsleistung wichtig. Diese sollte mit der Praktikantin unbedingt besprochen werden und für diese nachvollziehbar sein. Die Planung des Abschiednehmens von den Kindern und der Einrichtung im Allgemeinen gehört ebenfalls in diese Phase.

Da Lernen nie geradlinig verläuft und jede Praktikantin ihr individuelles Entwicklungstempo und ihre individuellen Besonderheiten mitbringt, ist es normal, dass Zeitangaben evtl. leicht abweichen können. Normal ist auch, dass es „leichte" und möglicherweise auch „schwierige" Praktikumsphasen gibt, in denen das professionelle Handeln der Anleiterin gefragt ist und auch Gespräche mit der betreuenden Praxislehrkraft notwendig werden können.

Die Tabelle rechts stellt die einzelnen Phasen differenziert und übersichtlich dar und verdeutlicht konkrete Aufgaben der Praktikantin und der Anleiterin.

2. Die Einarbeitung

Als Anleiterin möchten Sie Ihrer Praktikantin einen guten Start in der Einrichtung ermöglichen. Gerade die Einarbeitung verlangt Ihrer Praktikantin eine Vielzahl von Fähigkeiten ab und wird von Praktikantinnen in der Regel als anstrengend empfunden. Für die Praktikantin sind zunächst nicht nur alle Personen neu und unbekannt, sondern auch die Räumlichkeiten sowie der Tagesablauf mit seinen Regeln und Besonderheiten. Die Kita erscheint Ihrer Praktikantin an den ersten Tagen zunächst wie eine fremde Insel. Mithilfe des folgenden Gedankenspiels können Sie sich in die Rolle Ihrer Praktikantin versetzen, besser verstehen, wie sie sich fühlt und wo genau sie Hilfestellung von Ihnen benötigt.

Aufgaben und Themen der Phasen im Praktikum

Phase	Aufgaben und Themen der Praktikantin	Aufgaben und Themen der Anleiterin
Orientierungsphase → Kennenlernen Zeitraum: 1.–2. Woche	• Kennenlernen von Kindern, Kolleginnen, Eltern, Funktionen, Aufgaben, Räumlichkeiten, Umfeld, Tagesablauf, Strukturen, Regeln	• Einrichtung, Aufgaben, Rituale erläutern • bekannt machen • informieren • zeigen • Vorbild sein
Auseinandersetzungsphase → Sich vertraut machen Zeitraum: 1. Monat	• aktive Auseinandersetzung mit den Gegebenheiten und Aufgaben der Gruppe • beobachten, wahrnehmen und nachfragen	• klare Aufgaben stellen • weiteres Bekanntmachen mit der Institution und den dazugehörigen Personen
Erprobungsphase → Sicherheit erwerben durch angeleitetes, praktisches Erproben in kleinen Teilbereichen Zeitraum: 2.–3. Monat	• erproben in kleinen Teilbereichen • mitmachen und ausprobieren • gemeinsame Vorbereitung, Durchführung und Auswertung • Sicherheit erwerben	• Einbeziehung der Praktikantin in pädagogische Überlegungen • Erprobung begleiten und reflektieren
Verselbstständigungsphase → Weitgehend selbstständiges Arbeiten Zeitraum: 4.–10. Monat	• Aktivitäten selbstständig planen, besprechen und durchführen • bei Bedarf Rat einholen • reflektieren • theoretisches Wissen in Praxis anwenden	• zuschauen • beraten, Impulse geben • Freiraum geben: offen für Ideen und Impulse der Praktikantin sein • Gesamtsituation im Blick haben • bei der Reflexion helfen • Halbjahresbeurteilung
Ablösephase → Abschied nehmen, auswerten Zeitraum: letzter Monat	• Aktivitäten abschließen • Zusagen einhalten • loslassen • Berufseignung reflektieren • Abschied nehmen	• Abschlussgespräch vorbereiten • Entwicklung reflektieren • Feedback einholen • Jahresbeurteilung • loslassen • verabschieden

Ein Gedankenspiel

„Stellen Sie sich vor, Sie wollen Ihren Urlaub auf ‚Kita-Island' verbringen. Dort waren Sie noch nie. Sie kennen weder die Kultur auf dieser Insel noch die Bewohner oder die Örtlichkeiten. Sie wissen allerdings, dass Sie auf Kita-Island für die erste Zeit eine Reiseleiterin zur Verfügung gestellt bekommen. Was erwarten Sie von ihr, damit Sie sich wohlfühlen und sich auf der Insel Stück für Stück zurechtfinden können?"

Wenn wir dieses Gedankenspiel in Fortbildungen durchführen, kommen stets dieselben Aspekte zum Tragen:

- „Die Reiseleiterin sollte mich am Flughafen in Empfang nehmen und mich freundlich willkommen heißen."

- „Die Reiseleiterin sollte mir meine Unterkunft zeigen."
- „Ich würde gerne wissen, wie ich die Reiseleiterin erreichen kann, wenn ich eine Frage habe."
- „Es wäre toll, wenn mir die Reiseleiterin die Insel zeigt; wenn sie mir zeigt, wie ich zum Strand gelange, wo die nächste Einkaufsmöglichkeit und wo die nächste Stadt ist."
- „Ich würde mir wünschen, dass die Reiseleiterin mich dabei unterstützt, Kontakt zu den Menschen vor Ort aufzunehmen."
- „Die Reiseleiterin sollte mir etwas über die Regeln und die Kultur auf der Insel berichten."

Was würden Sie von einer Reiseleiterin auf unbekanntem Terrain erwarten?

Vielleicht fallen Ihnen noch mehr Erwartungen ein, die Sie an Ihre Reiseleiterin hätten? Erwartungen sind stets an individuelle Bedürfnisse geknüpft, vor allem an das zentrale Bedürfnis nach Sicherheit und Orientierung. Alle im Gedankenspiel benannten Aspekte lassen sich auf Ihre Rolle als Anleiterin und die Rolle der Praktikantin übertragen. Als Anleiterin sind Sie die „Reiseleiterin". Dabei können Sie in den ersten Tagen unterstützend tätig werden, indem Sie Ihre Praktikantin zunächst herzlich empfangen und sie willkommen heißen. Dieser erste Schritt ist zwar klein, aber dennoch richtungsweisend für die weitere Zusammenarbeit.

Um sich in der Einrichtung orientieren zu können, ist es gerade am ersten Tag wichtig, dass Sie der Praktikantin ihre neuen Kolleginnen, die Räume und die wichtigsten Regeln vorstellen. Zudem unterstützen Sie Ihre Praktikantin, indem Sie ihr den Tagesablauf und regelmäßige Rituale erläutern. Auch über wichtige Programmpunkte des Tagesablaufs oder über Aktionen im Wochenablauf informieren Sie Ihre Praktikantin gleich von Anfang an. Achten Sie darauf, die neuen Informationen „portioniert" zur Verfügung zu stellen, um Ihre Praktikantin mit all den Informationen nicht zu überfordern. Überlegen Sie deshalb, welche Informationen Ihre Praktikantin am ersten Tag benötigt und welche an den folgenden Praktikumstagen und in Anleitungsgesprächen dann Stück für Stück miteinander besprochen werden können.

Spannend ist es, einmal zu überlegen, wie man selbst die Einarbeitung in der Einrichtung erlebt hat und welche Erinnerungen man noch an die ersten Tage in der eigenen Praktikumsstelle hat.

- Wie ging es Ihnen am Anfang in der neuen Praxisstelle?
- Was fehlte Ihnen bei der Einarbeitung und was hat Ihnen geholfen?

Nutzen Sie Ihre eigenen Erfahrungen, um sich in Ihre Praktikantin einzufühlen.

Die Willkommensmappe

Eine schöne Methode, um die Einarbeitung zu unterstützen, sind sogenannte Willkommensmappen, die es mittlerweile in vielen Einrichtungen nicht nur für neue Eltern, sondern auch für neue Mitarbeiterinnen und Praktikantinnen gibt. Diese Mappen sind eine gute Möglichkeit, Ihrer Praktikantin gerade am Anfang alle wesentlichen Informationen auf einen Blick zur Verfügung zu stellen. Sie werden in der Regel von der Einrichtungsleitung oder dem Team erstellt.

Mögliche Inhalte der Mappe:

- ein Begrüßungsschreiben mit einem passenden Zitat
- Infos zum Träger, zu den Öffnungszeiten und der Konzeption oder dem Leitbild der Einrichtung, ggf. ein Flyer der Einrichtung
- ein exemplarischer Tagesablauf
- Regeln in der Einrichtung
- Erwartungen zu bestimmten Verhaltensweisen (freundliches Auftreten, Erscheinungsbild, Pünktlichkeit)
- rechtliche Informationen zu Schweigepflicht und Datenschutz
- Kriterien für den Umgang mit Eltern
- Übersicht über wichtige Termine und Feste im Kindergartenjahr
- gute Wünsche für den Anfang in der Einrichtung und für die Zusammenarbeit

Da Ihre Praktikantin gerade am Anfang ein großes Bedürfnis nach Orientierung und Sicherheit hat, sollten Sie als „Reiseleiterin" erreichbar sein und die „Reiseroute" regelmäßig

Das Prozessmodell der zielorientierten Handlungskompetenz

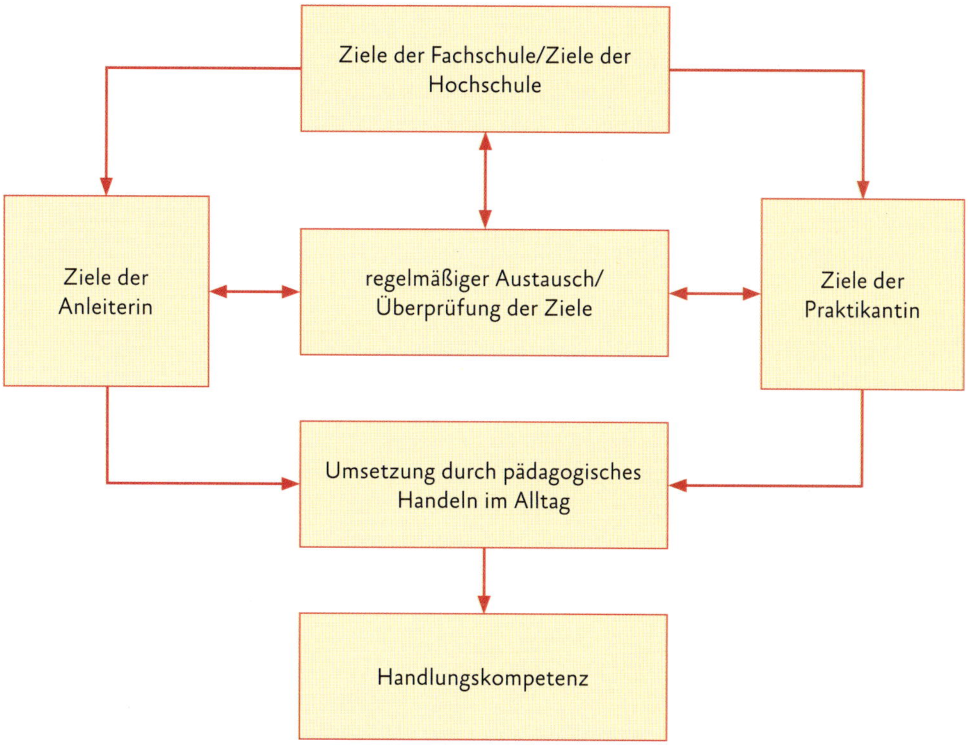

besprechen. Seien Sie präsent, bieten Sie sich als Vorbild an und schaffen Sie gerade am Anfang ausreichend Situationen, in denen Ihre Praktikantin Sie beobachten oder einfach dabei sein kann. Denn gerade am Anfang orientieren sich Praktikantinnen stark an der Anleiterin und schauen sich vieles ab. Für die Praktikantin ist es neben dem eher passiven Beobachten auch wichtig, aktiv auf die Kinder zuzugehen. Wer seine Praktikantin in gemeinsame Aktivitäten mit den Kindern einbezieht, erleichtert die Kontaktaufnahme und den damit verbundenen Beziehungsaufbau. Denn die Möglichkeit, innerhalb eines gestalteten Rahmens agieren zu dürfen, stellt für viele Praktikantinnen eine Unterstützung dar. Auch kleine Alltagsaufgaben, wie z.B. die Kinder beim Frühstück zu begleiten, den Kindern bei der Anziehsituation unterstützend zur Seite zu stehen, Bücher vorzulesen oder das Spiel am Knettisch zu begleiten, können für Praktikantinnen gerade in der Orientierungsphase eine gute Unterstützung sein, um mit den Kindern in Kontakt zu kommen. Auch die Praktikantin muss ihre Rolle und den Platz in der Gruppe erst noch finden.

Ein gelungener Anfang geht auch immer mit einer gelingenden Kommunikation einher. Es ist wichtig, dass Ihre Praktikantin viele Fragen stellt und auch stellen darf! Ermutigen Sie sie dazu und gehen Sie in den ersten Anleitungsgesprächen unbedingt auf die Fragen ein. Auch über gegenseitige Erwartungen und Ausbildungsziele zu sprechen ist wichtig, um eine professionelle Arbeitsbeziehung zueinander aufbauen zu können.

Welche Ausbildungsziele gibt die Fach- bzw. Hochschule vor?

Das Grundgerüst aller Zielvorgaben findet sich in den jeweiligen Verordnungen der Ministerien der einzelnen Bundesländer und variiert je nach Ausbildungsart und Ausbildungsstand der Praktikantin.

Literaturtipp

Eine gute Übersicht über die Bestimmungen aller 16 Ministerien in Deutschland bietet die Webseite:
www.erzieherin.de/wie-werde-ich-erzieherin.html#ausbildungsmöglichkeiten-in-den-bundesländern

Grundsätzlich ist festzustellen, dass Ausbildungsziele sich sowohl im Rahmen der Fachschulausbildung als auch im Rahmen des Studiums an einer Hochschule immer auf den Aufbau von beruflicher Handlungskompetenz beziehen. Das Schaubild auf Seite 21 stellt den wechselseitigen Prozess der an der Ausbildung beteiligten Akteure mit ihren jeweiligen Zielvorstellungen dar. Hier wird auch die Notwendigkeit des Austauschs deutlich, damit aus Zielen Handlungskompetenzen entstehen.

„Handlungsanforderungen und -situationen im frühpädagogischen Berufsalltag sind dadurch gekennzeichnet, dass sie nicht standardisierbar sind. Häufig sind sie in komplexer Weise mehrdeutig und vielfach nicht vorhersehbar. Der Erwerb dieser Kompetenzen muss daher Zielsetzung jeder frühpädagogischen Qualifizierung sein, um es der Fachkraft zu ermöglichen, ausgehend von wissenschaftlich-theoretischem Wissen und reflektiertem Erfahrungswissen in komplexen Handlungssituationen selbstorganisiert, reflexiv und kreativ zu handeln" (Robert Bosch Stiftung 2011, S. 11). Die dafür notwendigen Kompetenzen sollen im Laufe der Ausbildung oder im Rahmen des Studiums von der Praktikantin entwickelt werden.

Ziele der Fachschulausbildung am Beispiel des Berufspraktikums

Ziel der Fachschulausbildung ist es, ein möglichst breites fachliches Wissen und vielfältiges methodisches Können zu entwickeln, das auf den Umgang mit Kindern und Erwachsenen in konkreten Situationen ausgerichtet ist:

- Fachkompetenz als Bereitschaft und Fähigkeit auf der Grundlage fachlichen Wissens und Könnens, um berufliche Aufgaben und Probleme zu bewältigen
- Personalkompetenz: die Bereitschaft und Fähigkeit, als individuelle Persönlichkeit eigenverantwortlich und in Verantwortung gegenüber anderen zu handeln sowie eigene Entwicklungschancen wahrzunehmen
- Sozialkompetenz: die Bereitschaft und Fähigkeit, soziale Beziehungen zu leben und zu gestalten und sich mit anderen professionell und verantwortungsbewusst auseinanderzusetzen und zu verständigen
- Methodenkompetenz in Form von kommunikativer Kompetenz und Lernkompetenz (Lernstrategien, Umgang mit Fehlern, Offenheit gegenüber Neuem, Annehmen von Hilfestellungen)

Welche Ziele habe ich als Anleiterin im Auge und welche Ziele hat die Praktikantin? Diese Fragestellungen sind wesentlich für den Lernerfolg und die Zusammenarbeit, denn wenn das Ziel klar ist, dann werden Energien gebündelt und ein auf das Ziel fokussiertes Voranschreiten wird möglich. Der gemeinsame Weg kann dann im weiteren Verlauf mit konkreten Aufgaben und Inhalten gefüllt werden. Zur besseren Strukturierung empfiehlt es sich hier, die Lernphasen eines Praktikums als Arbeitshilfe zu verwenden.

3. Der individuelle Ausbildungsplan

Aus der Praxis

Laura absolviert das Berufspraktikum und wird im Sommer ihre Ausbildung zur Erzieherin abschließen. Zu Beginn ihres Praktikums erarbeitet sie mit Frau Klein, ihrer Anleiterin, einen individuellen Ausbildungsplan. Dabei planen Laura und Frau Klein das bevorstehende Jahr. Gemeinsam überlegen sie, was Laura erfahren und erreichen möchte. Sie hat schon ein paar Ideen dazu: „Ich möchte am Ende des Jahres gerne ein Entwicklungsgespräch vorbereiten und durchführen können." Frau Klein findet für den Anfang besonders wichtig, dass Laura zunächst eine gute Beziehung zu allen Kindern aufbaut und alle Abläufe in der Einrichtung kennenlernt. Zudem fallen ihr die Beobachtungsinstrumente, die in der Einrichtung verwendet werden, ein. Sie sagt: „Ich finde es wichtig, dass du dich damit schnell vertraut machst, um dann selbstständig damit arbeiten zu können. Für uns in der Einrichtung sind Beobachtung und Dokumentation sehr wichtig. Nun müssen wir überlegen, ab wann wir dieses Thema gemeinsam angehen, denn ich möchte dich auch nicht gleich zu Beginn überfordern."

Da fällt Laura noch die Projektaufgabe vonseiten der Schule ein: „An die Projektaufgabe sollten wir auch noch denken. Vielleicht dann ab Frühjahr ..." Gemeinsam schauen sich Laura und Frau Klein den Ausbildungsplan der Schule an. Daraus lassen sich weitere Aufgaben für den individuellen Ausbildungsplan ableiten. „Ganz schön viele Inhalte!", staunt Laura. Frau Klein schlägt vor, zunächst eine Aufgabensammlung zu erstellen, um dann die Inhalte den einzelnen Ausbildungsphasen und Erfahrungsfeldern zuzuordnen. So wird alles ein wenig überschaubarer für Laura und Frau Klein.

Auch die Hochschulen machen Vorgaben für die inhaltliche Ausgestaltung der Praxisphasen

Vorgaben für die Ausbildung zur Erzieherin

Die Grundlage für den individuellen Ausbildungsplan bilden die jeweiligen Verordnungen des Kultusministeriums zu der Ausbildung und Prüfung an den Fachschulen für Sozialpädagogik oder den Berufsfachschulen für Kinderpflege. In der gültigen Verordnung für die Ausbildung zur Erzieherin von Baden-Württemberg heißt es z.B. in §42 (1): „Die Ausbildung in der Praktikumsstelle erfolgt nach einem von der Praktikumsstelle mit der Fachschule für Sozialpädagogik abgestimmten Ausbildungsplan. Dieser soll insbesondere vorsehen:

1. Mitwirkung bei der Betreuung, Erziehung und Bildung,
2. Vertiefung und Erweiterung der theoretischen und praktischen Ausbildung,
3. Einführung in die Zusammenarbeit mit den Erziehungsberechtigten, der Grundschule sowie weiteren an der Erziehung Beteiligten,
4. Einführung in die Zusammenarbeit mit Mitarbeiterinnen und Mitarbeitern sowie Vorgesetzten,
5. Einblick in die Verwaltungsarbeit,
6. schriftliche Aufgaben im Rahmen der Zielsetzung des Berufspraktikums.

Praktikumsstelle und Fachschule für Sozialpädagogik arbeiten bei der Durchführung des Berufspraktikums zusammen“ (Landesrecht BW, ErzieherVO vom 21.7.2015, §42 Absatz 1).

Vorgaben für die Ausbildung zur Kinderpflegerin

In der Ausbildung zur Kinderpflegerin werden auf die Bereiche „Verwaltungsarbeit“ und „schriftliche Aufgaben im Rahmen der Zielsetzung des Berufspraktikums“ verzichtet. Hieran wird deutlich, dass die Anforderungen in der Ausbildung zur Kinderpflegerin den Aufgabenbereichen der Erzieherin sehr ähnlich sind, aber über eine „schmalere“ fachwissenschaftliche Ausrichtung verfügen und im Bereich der Aufgabenerfüllung auf typische Aufgabengebiete einer Zweitfachkraft abzielen. Dies beruht unter anderem auch auf den etwas enger gefassten Handlungsfeldern, die im Rahmen der zweijährigen schulischen Ausbildung an der Berufsfachschule für Kinderpflege unterrichtet werden.

Vorgaben für die Ausbildung von Studierenden

An der Hochschule gibt es ebenfalls studiengangbezogene Vorgaben für die inhaltliche Ausgestaltung der einzelnen Praxisphasen. Was innerhalb der Praxisphase von den Studierenden am Lernort Praxis bearbeitet werden soll, ist abhängig vom Zeitpunkt der Praxisphase und der fachlichen Einbettung. Die meisten Hochschulen geben für das praktische Studiensemester Ausbildungsrahmenpläne vor. Diese dienen der Anleiterin und den Studierenden als Information und stellen zugleich eine wichtige Ausbildungsgrundlage dar. Das Praktikum und seine inhaltlich-methodische Ausgestaltung durch die Anleiterin richten sich nach diesem Rahmenplan aus. In der Regel kommen die Studierenden mit einer komplexen Aufgabenstellung in die Praxis. Diese muss dann im Rahmen der Praxisphase bearbeitet und am Ende in schriftlicher Form bei der zuständigen Dozentin abgegeben werden.

Die Praxisaufgaben zeichnen sich durch eher abstrakte Aufgabenstellungen aus, die sich aus den bereits durchgeführten Modulen ergeben. Dabei kann es um fallbezogene Kooperation, konzeptionelle Themen, rechtliche Themen, sozialraumbezogene Aufgaben, projektorientierte Aufgaben, Datenerhebung und Auswertung o.Ä. gehen.

(Hoch-)Schule und Kita: Beide Lernorte gehören zur Ausbildung

Als Anleiterin können Sie die Studierende unterstützen, indem Sie ihr die Chance zu vielfältigen Erprobungsmöglichkeiten geben, damit sie praxisrelevantes Wissen entwickeln kann. Bezogen auf die Umsetzung der Praxisaufgaben schaffen Sie als Anleiterin den entsprechenden Rahmen. Sie können, wenn nötig, Unterstützung bei der Kontaktaufnahme zu Eltern oder Kooperationspartnern anbieten und die entsprechenden Informationen und Grundlagen, die zur Bewältigung der Aufgabe notwendig sind, zur Verfügung stellen. Wichtig für Ihre Studierende ist es, dass sie mit Ihnen regelmäßige Anleitungsgespräche führen kann, um den aktuellen Bearbeitungsstand der Aufgaben zu besprechen und zu reflektieren.

Beispiele für Praxisaufgaben in der Ausbildung zur Erzieherin:

- Erstellung einer Situationsanalyse
- Durchführung und Auswertung von Beobachtungen
- Planung und Durchführung von Aktivitäten
- Freispielführung
- Leitung des Morgenkreises oder einer Kinderkonferenz
- Vorbereitung und Gestaltung eines Kindergeburtstags
- Teilnahme an Teamsitzungen und Elternabenden
- Planung und Durchführung eines Projekts

Vorgaben der Ausbildungsverordnungen

Im Rahmen des Berufspraktikums an einer Berufsfachschule für Kinderpflege oder der Fachschule für Sozialpädagogik müssen laut Ausbildungs- und Prüfungsverordnungen der jeweiligen Länder sogenannte individuelle Ausbildungspläne erstellt werden. Um der Prozesshaftigkeit von Entwicklung Rechnung zu tragen, sind Ausbildungspläne in der Regel an das Phasenmodell eines Praktikums gekoppelt (s. dazu auch Kapitel III.1). Die einzelnen Praktikumsphasen strukturieren den Ausbildungsverlauf in einer übersichtlichen Form und geben darüber hinaus zeitliche Hinweise. Die Ausbildungsverordnungen geben auch vor, welche Tätigkeits- und Erfahrungsfelder im Ausbildungsplan Beachtung finden sollen. Folgende Tätigkeits- und Erfahrungsfelder können als konkrete Umsetzung in den Ausbildungsplan einfließen: Gruppenarbeit, Erziehungs- und Bildungsarbeit, Elternarbeit, Teamarbeit, Öffentlichkeitsarbeit, Verwaltung und Organisation (entfällt bei Kinderpflegerinnen). Diese Tätigkeits- und Erfahrungsfelder werden dann in jeder Phase der Ausbildung mit entsprechenden Inhalten und Aufgaben gefüllt.

Hilfreich unterstützen

Sie unterstützen die Praktikantin bei der Aufgabenumsetzung, wenn Sie zunächst den passenden Zeitrahmen für die Umsetzung der Aufgabe im Anleitungsgespräch besprechen. Da die Praktikantin meist noch keinen Überblick über den Tagesablauf und die Gesamtorganisation hat, ist es wichtig, dass Sie dabei helfen, den Zeitpunkt zu finden und die entsprechenden Absprachen zu treffen. Je länger die Praktikantin in der Einrichtung ist, desto mehr Selbstständigkeit kann diesbezüglich erwartet werden. Bei manchen Aufgaben ist es für die Praktikantin besonders hilfreich, wenn Sie nach dem Prinzip „Vormachen – Mitmachen – Nachmachen – Selbstmachen" (s. Seite 15) vorgehen. Wenn es sinnvoll ist, dann bieten Sie sich selbst als Modell an oder schaffen Sie weitere Beobachtungsmöglichkeiten bei Ihren Kolleginnen, bevor die Praktikantin selbstständig die Aufgabe durchführt.

Seien Sie, wenn die Praktikantin ihre Praxisaufgabe umsetzt, möglichst dabei, damit die methodisch-didaktische Umsetzung und die Rolle der Praktikantin später im Anleitungsgespräch reflektiert werden kann. Praktikantinnen empfinden es manchmal als unangenehm, beobachtet zu werden und Feedback zu erhalten. Doch diese zwei Aspekte sind für die Weiterentwicklung der Praktikantin notwendig. Bei der Planung von Aktivitäten sind Sie als Anleiterin in der Rolle der Beraterin. Halten Sie sich zunächst mit Ratschlägen eher zurück. Stellen Sie lieber offene Fragen, die die Praktikantin zum eigenen Denken anregen, formulieren Sie Ihre Ideen eher als Impulse oder Ergänzungen.

Allgemeiner und individueller Ausbildungsplan

Die Durchführung der Ausbildung soll stets in Zusammenarbeit und Absprache zwischen Schule und Einrichtung erfolgen. Daher ist die inhaltliche Abstimmung zwischen dem Lernort Schule und dem Lernort Praxis unbedingt erforderlich – unabhängig davon, um welche Ausbildungsart es sich handelt. In der Regel geben die Schulen die Inhalte und Kompetenzen, die jeweils entwickelt werden sollen, in Form von allgemeinen Ausbildungsplänen vor (s. dazu auch Abschnitt „Vorgaben der Ausbildungsverordnungen"). Es ist jedoch wichtig die Ausbildungspläne noch weiter zu differenzieren.

Ein individueller Ausbildungsplan wird in der Regel nur im Rahmen des Berufspraktischen Jahres in der Ausbildung zur Erzieherin oder zur Kinderpflegerin erstellt und unterscheidet sich vom Ausbildungsplan der Schule insofern, als er auf die Praktikantin und das Arbeitsfeld sowie auf die Konzeption der Einrichtung abgestimmt wird und dabei individuelle Schwerpunkte setzen soll. Er greift die Ausbildungsinhalte und Ziele, die im allgemeinen Ausbildungsplan abgebildet sind, selbstverständlich auf und geht darüber hinaus auch auf individuelle Ziele, Wünsche und Stärken der Praktikantin ein. Zudem berücksichtigt ein individueller Ausbildungsplan die konzeptionellen Besonderheiten der Einrichtung.

Reflexion und Bewusstwerdung

Ermutigen Sie Ihre Praktikantin im Anleitungsgespräch, ihre eigenen Gedanken, Wünsche und Interessen dazu zu formulieren. Fragen Sie direkt nach, welche Ziele Ihre Praktikantin erreichen möchte. Sollten Sie eine eher stille, zurückhaltende Praktikantin anleiten, ist es hilfreich, wenn Sie ihr einige Impulsfragen zur Vorbereitung auf das bevorstehende Anleitungsgespräch bereits im Vorfeld zukommen lassen. So hat sie genügend Zeit, um sich in Ruhe ihrer eigenen Planungsanteile im individuellen Ausbildungsplan bewusst zu werden. Der individuelle Ausbildungsplan ist auch ein wichtiges Planungs- und Reflexionsinstrument für den Anleitungsprozess. Gemeinsam wird während des Verlaufs des Praktikums reflektiert, wie der Ausbildungsprozess sich darstellt und inwieweit die unterschiedlichen Aufgaben entsprechend den Phasen bewältigt werden. Planen Sie dazu während und nach jeder Praktikumsphase eine Reflexion ein, in der die Umsetzung der Inhalte und die vollzogenen Lernprozesse verdeutlicht und überprüft werden. Aus der Reflexion ergeben sich nicht selten neue Aufgaben und Schwerpunkte, an denen in der darauffolgenden Phase weitergearbeitet werden kann. Demnach ist der individuelle Ausbildungsplan nicht als „starres" Instrument anzusehen. Vielmehr geht es um einen dynamischen Ausbildungsplan, der sich im Laufe des Praktikums noch weiter ausdifferenziert.

Was kommt in den individuellen Ausbildungsplan?

Die Erstellung eines individuellen Ausbildungsplans ist stets ein partizipativer Prozess, bei dem es Folgendes gemeinsam zu überlegen gilt:

- Welche Aufgaben stehen wann an?
- Welche Aufgaben bieten sich in der Einrichtung an oder gehören zum pädagogischen Alltag?
- Welche Aufgabe traut sich die Praktikantin wann zu?
- Wie kann der Weg dorthin aussehen, im Sinne einer Hinführung in den Phasen zuvor?
- Wie kann eine methodische Hinführung im Sinne von „Vormachen – Mitmachen – Nachmachen –Selbstmachen", insbesondere bei neuen Aufgaben, im Ausbildungsplan mit bedacht werden?

Transparenz für das Team

Da gerade Berufspraktikantinnen fester Teil des Teams sind, ist es wichtig, dass der individuelle Ausbildungsplan auch für die Kolleginnen im Team transparent gemacht wird. Dadurch wird für alle Teammitglieder deutlich, dass die Praktikantin ein wichtiger Teil des Teams ist, Aufgaben übernimmt und sich dennoch oder gerade deshalb in der Rolle der Lernenden befindet. Daher darf sie in einem angemessenen Maß Fragen stellen, Fehler machen und Unsicherheiten zeigen.

Phase der Orientierung
1.–2. Woche

Tätigkeits- und Erfahrungsfeld	Geplante Aufgaben/Vorhaben/Aktionen der Praktikantin (Umsetzung einzeln oder im Team möglich)
Gruppenarbeit	• Kennenlernen der Kinder und deren soziokultureller Bedingungen • Alltagsbegleitung • aktive Teilnahme am Gruppengeschehen (Freispielbegleitung, Freispielimpulse, Gespräche mit Kindern) • Vorbereitung und Durchführung beobachtungsgestützter Gruppenaktivitäten • Kennenlernen der Räume, Materialien, Spielbereiche und Regeln
Erziehungs- und Bildungsarbeit	• Auseinandersetzung mit der Konzeption der Einrichtung und deren Umsetzung im Alltag • teilnehmende und nichtteilnehmende Beobachtung der individuellen Interessen, Fähigkeiten und Fertigkeiten der Kinder • Bildungsangebote in der Kleingruppe planen und durchführen • Kennenlernen des Tages- und Wochenablaufs
Zusammenarbeit mit Eltern	• Vorstellen bei Eltern/Kontakte herstellen • einrichtungsbezogene Formen der Erziehungspartnerschaft kennenlernen • Vorbereitung der eigenen Vorstellung am Elternabend • Tür-und-Angel-Gespräche führen • Teilnahme an weiteren Elternveranstaltungen (Elterncafé, Elternbeiratssitzung etc.)
Teamarbeit	• Kennenlernen aller Mitarbeitenden und deren spezifischer Tätigkeiten • Kennenlernen der verschiedenen Formen der Zusammenarbeit • Auseinandersetzung mit dem Dienstplan • Teilnahme an Teamsitzungen
Öffentlichkeitsarbeit	• Kennenlernen des Sozialraums und der Kooperationspartner der Einrichtung
Verwaltung und Organisation	• Kennenlernen der Verwaltungsaufgaben der Einrichtung (z. B. Aufnahmeformalitäten, Arbeitszeiterfassung, Vorgesetzte und deren Funktion)

Beispiel für einen individuellen Ausbildungsplan in der Orientierungsphase

Arbeitshilfe zum individuellen Ausbildungsplan

Schritt 1: Überblick verschaffen
Mit der Praktikantin gemeinsam die Ausbildungsziele und Vorgaben/Aufgaben der Schule sichten.

Schritt 2: Ziele und Interessen
Persönliche Lernziele und Interessen der Praktikantin im Anleitungsgespräch thematisieren.

Schritt 3: Inhalte sammeln
Brainstorming zu möglichen Inhalten und Aufgaben hinsichtlich der Tätigkeits- und Erfahrungsfelder in der Einrichtung durchführen.

Schritt 4: Zeitlicher Rahmen
Die Inhalte mithilfe des Phasenmodells in einen zeitlichen Rahmen bringen.
Impulsfragen hierzu:

- Welche Kompetenzen bringt die Praktikantin bereits mit?
- Wo möchte die Praktikantin am Ende des Praktikums stehen?
- Wann ist welche Aufgabe angemessen?

- Welche Vorerfahrungen sollten in den Phasen zuvor gemacht werden, um das Ziel zu erreichen oder die gestellte Aufgabe bewältigen zu können?
- Welche Begleitung wünscht sich die Praktikantin?

Schritt 5: Reflexion der Praktikumsphase
Nach Abschluss jeder Phase erfolgt eine Reflexion zu der jeweiligen Phase. Daraus können sich weitere Themen für die darauffolgende Phase ergeben.
Schritt 6: Dynamische Ergänzungen
Ergänzungen im weiteren Verlauf des Praktikums einfügen.

Ziele des individuellen Ausbildungsplans
Der individuelle Ausbildungsplan soll
- die Ressourcen der Praktikantin und die Möglichkeiten in der Einrichtung berücksichtigen,
- einen regelmäßigen Austausch über Ausbildungsinhalte initiieren,
- gegenüber den Teammitgliedern, der Einrichtungsleitung und der Schule eine gewisse Transparenz schaffen,
- ein Instrument zur regelmäßigen Reflexion des Ausbildungsprozesses darstellen,
- eine Grundlage für die Beurteilung der Praktikumsleistung darstellen.

Die Tabelle auf Seite 26 verdeutlicht, wie ein individueller Ausbildungsplan in der ersten Phase des Praktikums aussehen kann. In den darauffolgenden Phasen werden dann die Inhalte dem Ausbildungsstand der Praktikantin und den Themen innerhalb der Einrichtung entsprechend angepasst oder erweitert.

4. Die Rolle der Praktikantin

Die Rolle der Praktikantin bringt aus unterschiedlichen Blickwinkeln eine Vielzahl von verschiedenen Rollenwechseln und Rollenerwartungen mit sich:
- Die Schülerin wird zur Praktikantin.
- Das ehemalige Kind wird zur pädagogischen Fachkraft, die Verantwortung für Kinder übernimmt.
- Die Privatperson wird in der Einrichtung zur öffentlichen Person.
- Die Auszubildende ist im Berufspraktikum zugleich Arbeitnehmerin.
- In jedem Fall ist die Praktikantin zunächst einmal Lernende.

Der Ausbildungsplan muss gemeinsam erstellt werden

Spannend sind unsere Beobachtungen als praxisbetreuende Lehrkräfte. Dabei fällt uns immer wieder auf, dass Praktikantinnen an unterschiedlichen Ausbildungsorten (Lernort Schule – Lernort Praxis) häufig auch ganz unterschiedliche Rollen und Verhaltensweisen einnehmen.

Aus der Praxis
Eine Lehrkraft berichtet: „Tamara nahm ich im Rahmen des Unterrichts häufig als eher zurückhaltend und uninteressiert wahr. Im Blockpraktikum besuchte ich sie dann in der Praxis. Mir begegnete ein junger Mensch, den ich auf den ersten und auch auf den zweiten Blick kaum wiedererkannte. Mit einem offenen und beschwingten ‚Hallo!' streckte mir Tamara die Hand an der Türschwelle der Kinderkrippe entgegen. Bei der Führung durch die Einrichtung wurde mir schnell klar, mit wie viel Freude Tamara in der Einrichtung arbeitet. Ein Kind, sein Name war Max, begleitete unsere Führung. Er wich Tamara nicht von der Seite. Wann immer Max etwas sagte, unterbrach Tamara ihr Gespräch mit mir und ging aufmerksam und altersgerecht auf seine Äußerungen ein."

Solche und ähnliche Erlebnisse begegnen uns sehr häufig, wenn wir Schülerinnen in der Schule unterrichten und zugleich in der Praxis als Lehrkräfte betreuen. Die geschilderte Erfahrung macht deutlich, dass eine Rolle nichts Starres ist und immer in Abhängigkeit zu der jeweiligen Person und deren Umgebung steht. Damit wird aber auch klar, dass die Praktikantin am Anfang ihrer Ausbildung ihre neue Rolle erst finden muss und möglicherweise auch überrascht ist, mit welchen Rollenerwartungen sie konfrontiert wird. Als Anleiterin können Sie Ihrer Praktikantin den Übergang in die neue Rolle erleichtern, indem Sie das Thema „Rolle" aufgreifen und im Anleitungsgespräch gemeinsam besprechen. Denn die Praktikantin spürt zwar die Veränderungen ihrer Rolle und die damit verbundenen Erwartungen, ist sich aber häufig nicht unbedingt darüber bewusst, was denn gerade geschieht und mit welchen Erwartungen die neue Rolle einhergeht.

Warum es wichtig ist, über Rollenerwartungen zu kommunizieren, werden wir im nächsten Kapitel näher erläutern. An dieser Stelle sei aber bereits erwähnt, dass das bewusste Sprechen über Rollenerwartungen für Ihre Praktikantin und auch für Sie selbst Orientierung und Sicherheit schafft. Es kann allerdings auch passieren, dass Rollenerwartungen von Ihrer Praktikantin als einengend oder gar ärgerlich erlebt werden.

Erwartungen an die Praktikantinnenrolle
Warum ist es nicht möglich, auf dem Tisch zu sitzen, wenn er doch so eine angenehme Höhe hat? Warum ist es unangebracht, mit einem Energydrink in die Einrichtung zu kommen? Warum wird erwartet, dass die Praktikantin in der Kinderkrippe ihre Fingernägel kurz hält und mit angemessener Kleidung erscheint? Auch zunächst einengende Erwartungen sind wichtige Lerngelegenheiten, über die Sie mit Ihrer Praktikantin ins Gespräch kommen. Unter Umständen braucht es auch eine gewisse Zeit, bis diese Rollenerwartungen verstanden, akzeptiert und verinnerlicht werden.

Hinsichtlich ihrer Rolle hat eine Praktikantin in der Einrichtung immer einen gewissen Sonderstatus, denn sie ist in erster Linie „die Lernende". Eine Praktikantin darf auch Fehler machen! Genauer gesagt soll sie auch hin und wieder Fehler machen, denn aus Misserfolgen erwachsen die größten Reflexions- und Erkenntnispotenziale, die das Lernen der Praktikantin vorantreiben. Von daher ist es sehr wichtig, dass Sie als Anleiterin eine gewisse Fehlersolidarität mitbringen und Ihre Haltung zu „Fehlern" auch mit der Praktikantin besprechen. In einer angstfreien Atmosphäre traut sich Ihre Praktikantin auch Unsicherheiten zu benennen und über schwierige Themen ins Gespräch zu kommen. Schwierige Themen können beispielsweise Rückmeldungen über Fremdwahrnehmungen sein, die von der Praktikantin im Rahmen ihrer Selbstwahrnehmung möglicherweise nicht geteilt werden.

Was ist in der Kita erlaubt – was nicht?

Eine kritische Auseinandersetzung mit Fremd- und Selbstwahrnehmung dient der Reflexionsfähigkeit und der Auseinandersetzung mit sich selbst, der eigenen Person und der Ausgestaltung der beruflichen Rolle. Dabei kann es auch notwendig werden, dass sich die Praktikantin von Rollenerwartungen distanziert, weil sie möglicherweise nicht zum eigenen Selbstbild und der eigenen Rollenvorstellung passen. Dies kann z. B. im Rahmen von Teamarbeit vonnöten sein und stellt für die Praktikantin einen schwierigen, aber auch wichtigen Lernprozess dar. Damit ist sie auf dem Weg, ihre berufliche Identität zu finden und diese auf dem Hintergrund ihrer eigenen unverwechselbaren Persönlichkeit auszugestalten.

5. Gegenseitige Erwartungen

Was hat Ihre Praktikantin bereits mitgebracht, als sie das erste Mal in Ihre Einrichtung kam? Alle Praktikantinnen bringen ganz individuelle Vorerfahrungen, Wünsche und Erwartungen mit (s. Grafik rechts). Wichtig ist es, gleich zu Beginn des Praktikums diese Vorerfahrungen, Wünsche und Erwartungen zu erfragen, um gemeinsam darüber ins Gespräch zu kommen. Denn findet dieser Austauschprozess nicht statt, so kann es nur sehr schwer oder gar nicht gelingen, Lernprozesse an Vorerfahrungen anzuknüpfen und Wünsche und Erwartungen miteinander abzugleichen.

Sie sind als Anleiterin auch Begleiterin und müssen daher unbedingt erfahren, welche Begleitung sich die Praktikantin wünscht oder welche Erwartungen sie an Ihre Rolle als Anleiterin hat. Findet dieser Austausch statt, so können Sie den Erwartungen und Wünschen nachkommen oder sich davon auch möglicherweise distanzieren, weil die Erwartungen Ihrer Praktikantin unter Umständen nicht zu Ihrer eigenen Rollenvorstellung passen.

Aus der Praxis
Chiara ist Kinderpflegerin im ersten Ausbildungsjahr. Sie hat noch keinerlei Erfahrung mit der Arbeit in einer Kita. Als Vorerfahrung bringt sie Erfahrung als Babysitterin mit und hat zudem bei ihrer Tante, die als Tagesmutter arbeitet, schon das ein oder andere Mal mitgeholfen. Sandra, die Chiara anleitet, möchte sich im Anleitungsgespräch mit ihr über gegenseitige Erwartungen austauschen. Dabei wird klar: Chiara wünscht sich, dass Sandra ihr in allen An-

gelegenheiten mit einem offenen Ohr begegnet. Sie wünscht sich eine vertrauensvolle Beziehung zu ihr. Chiara sagt zudem: „Toll wäre es, wenn wir uns auf einer freundschaftlichen Ebene gut verstehen würden." Chiara erzählt, dass sie im schriftlichen Bereich in der Schule immer sehr schlecht war. Sie formuliert gegenüber Sandra folgende Erwartung dazu: „Für mich ist es wichtig, dass du mir beim Schreiben von schulischen Aufgaben hilfst. Darin bin ich ziemlich schlecht."

Das Praxisbeispiel macht deutlich, dass im Rahmen dieser kurzen Anleitungssequenz wichtige Themen durch das Erfragen von Wünschen und Erwartungen offen „auf dem Tisch liegen". Sandra hat nun die Möglichkeit und auch die Aufgabe, zu den Wünschen und Erwartungen Stellung zu beziehen. Dabei geht es darum, Chiara zurückzumelden, welchen Wünschen und Erwartungen sie entsprechen möchte und auf welche Wünsche und Erwartungen sie nur bis zu einem gewissen Punkt eingehen wird.

Aus der Praxis (Fortsetzung)
Sandra sagt zu Chiara: „Eine vertrauensvolle Beziehung finde ich auch wichtig, diese müssen wir uns aber erarbeiten, indem wir offen zueinander sind und über alles Wichtige und Unklare sprechen. Ich wünsche mir, dass du auf mich zukommst, wenn dir etwas unklar ist, du dich unsicher fühlst oder ein Anliegen an mich hast. Mir ist es wichtig, ein offenes Ohr für dich zu haben und Anleitungsgespräche, wann immer wir es umsetzen können, regelmäßig zu führen. Dass wir eine gute Ebene miteinander entwickeln, finde auch ich wichtig. Es wird allerdings keine freundschaftliche Ebene sein, da ich ja nicht deine Freundin bin. Ich bin deine Anleiterin, die dich begleitet, unterstützt, dich aber auch herausfordert, dir Aufgaben zuweist und dich am Ende deines Praktikums mit einer Note bewerten muss. Wir werden eine Arbeitsbeziehung miteinander führen. Und gerade deshalb ist es mir wichtig, dass wir uns mit Achtung und Wertschätzung begegnen. Das bringe ich dir entgegen und das wünsche ich mir natürlich auch von dir."

Des Weiteren meint Sandra: „Bei den schulischen Aufgaben unterstütze ich dich gerne. Allerdings erwarte ich, dass du auf mich zukommst und dich an den Aufgaben zuvor mindestens versucht hast. Ich kann gern über deine Arbeiten drüberlesen und dir noch Hinweise zur Verbesserung geben. Aber die schulischen Aufgaben möchte ich bewusst in deiner Verantwortung lassen, denn es ist deine Ausbildung und ich erwarte von dir ein gewisses Maß an Eigenverantwortlichkeit und Selbstständigkeit."

So ähnlich könnte ein Gespräch über Erwartungen aneinander aussehen. Dabei wird deutlich, wie wichtig es ist, die Erwartungen der Praktikantin anzuhören, dazu Stellung zu nehmen und die eigenen Erwartungen ebenfalls klar zu formulieren. Dies schafft gleich zu Beginn des Praktikums Transparenz und eine Rollenklarheit für alle Beteiligten. Zudem beugt es Konflikten vor. Unsere Erfahrung in der Begleitung von Schülerinnen und in der Kooperation mit Anleiterinnen zeigt, dass es wesentlich häufiger zu Konflikten im Anleitungsprozess kommt, wenn über Erwartungen und Wünsche nicht kommuniziert wird. Wir empfehlen auch, ein solches Gespräch unbedingt zu verschriftlichen. Gerade für den Fall, dass es im Anleitungsprozess möglicherweise einmal schwierig wird und Konflikte entstehen, haben Sie damit eine gute Grundlage, um ein Klärungsgespräch zu führen.

Der im Folgenden dargestellte Transparenzbogen bietet Ihnen die Möglichkeit, Erwartungen und Zielsetzungen schriftlich zu fixieren.

Transparenzbogen zum Einstieg in das Praktikum

Anleitungsgespräch am:

Anleiterin: ______________________________

Praktikantin: ______________________________

Gegenseitige Erwartungen und Wünsche für die Zusammenarbeit im Praktikum im Zeitraum

von ____________________ bis ____________________

Anleiterin:

Praktikantin:

Ziele für das Praktikum

Anleiterin:

Praktikantin:

Weitere Gesprächsinhalte (z. B. Überprüfung der Ziele, Besonderheiten, spezielle Themen für weitere Gespräche)

Unterschrift Anleiterin

Unterschrift Praktikantin

Erwartungen offenlegen

In Fortbildungen zum Thema „Anleitung" bitten wir die Teilnehmerinnen, einmal all ihre Erwartungen auf Karten zu notieren, um diese dann anschließend an eine Stellwand zu pinnen. Das Ergebnis ist beeindruckend! Es kommt jedes Mal eine Vielzahl von unterschiedlichen Erwartungen, die Anleiterinnen an ihre Praktikantinnen haben, zusammen. Angesichts dieser Fülle von Erwartungen ist ein differenzierterer Blick notwendig.

Welche Erwartungen habe ich grundsätzlich an meine Praktikantin?

Hier handelt es sich um Erwartungen, meist auch Werte, die unter anderem auch im Zusammenhang mit der Berufseignung stehen, wie z. B.: Einfühlungsvermögen und Feinfühligkeit, Ehrlichkeit, Pünktlichkeit, Offenheit, Zuverlässigkeit, gepflegtes Erscheinungsbild, Kontaktfreude, Motivation und Engagement, Kritikfähigkeit usw.

Welche Erwartungen habe ich zu welchem Zeitpunkt im Praktikum?

Hier geht es um Erwartungen, die an Aufgaben und sich entwickelnde Kompetenzen geknüpft sind. Diese entwickeln sich schrittweise im Rahmen des Phasenmodells. In diese Gruppe von Erwartungen gehören etwa: Reflexionsfähigkeit, Selbstständigkeit, Überblick über die Aufgaben haben, sich in den pädagogischen Alltag einbringen, Aufgaben übernehmen, neue Ideen einbringen, mit Eltern in Kontakt treten usw.

Erwartungen an Praktikantinnen werden in einer Anleiterinnen-Fortbildung zusammengetragen

Die Aufzählung kann natürlich noch um ein Vielfaches ergänzt werden, und es ist ganz klar, dass auch die „talentierteste" Praktikantin nicht gleich zu Beginn ihrer Ausbildung oder ihres Praktikums allen Erwartungen gerecht werden kann. Je nachdem, über wie viel Vorerfahrung Ihre Praktikantin verfügt, sollten Sie natürlich Ihre Erwartungen an den Ausbildungsstand und den Zeitpunkt im Praktikum anpassen. Und grundsätzlich gilt: Sie als Anleiterin sind immer das Vorbild. Erwarten Sie deshalb nur das, was Sie auch selbst erfüllen.

Konstruktive Gespräche sind das A und O der Anleitung

IV. Gespräche kompetent führen

1. Anleitungsgespräche sind wichtig

Von dem Motivationstrainer Lesley C. Brown stammt das Zitat: „Deine Fähigkeit zu kommunizieren ist ein wichtiges Mittel auf dem Weg zu deinen Zielen." Hinter diesem Zitat steckt, wenn wir es auf Anleitungsgespräche beziehen, eine doppelte Didaktik: Die Praktikantin benötigt das Gespräch mit der Anleiterin. Sie braucht eine Person, die ihr Verhalten im Umgang mit den Kindern, den Eltern, dem Team widerspiegelt, ihr ehrliches und offenes Feedback entgegenbringt, damit sie ihr Verhalten im beruflichen Zusammenhang selbst beurteilen und überdenken kann. Dadurch, dass die Anleiterin das Gespräch mit der Praktikantin führt, lernt diese zugleich, wie Gespräche ablaufen können und welche Kommunikationsmittel und -formen es gibt. So entsteht ein hoher Kompetenzzuwachs, der für die spätere berufliche Praxis eine zentrale Bedeutung hat. Das gezielt geführte Gespräch zwischen Anleiterin und Praktikantin ist sozusagen das Herzstück der Anleitung: Gegenseitige Erwartungen, Ziele, die zu bewältigenden Aufgaben und vor allem auch die rückwirkende Betrachtung des pädagogischen Alltagshandelns kommen hier zum Tragen. Für pädagogische Fachkräfte gehört das Reflektieren zur gewöhnlichen Berufspraxis, es ist ein fester Bestandteil der täglichen Arbeit. Wie man reflektiert und welche Aspekte dabei beachtet werden sollten, ist ein Lernprozess, der Übung und Erfahrung braucht. Praktikantinnen dagegen benötigen noch gezielte Rückmeldung, um ihr eigenes Handeln gespiegelt zu bekommen und daraus Schritte für den Zuwachs an beruflichen Kompetenzen ableiten zu können. Viele Praktikantinnen erleben Anleitungsgespräche als etwas Neues, als etwas, bei dem die Anleiterin signalisiert: „Ich nehme dich wahr!", „Ich bin offen für deine Fragen!", „Ich unterstütze dich bei der Bewältigung von schulischen und alltäglichen Aufgaben im pädagogischen Alltag!". Dadurch erfährt die Praktikantin ein hohes Maß an Wertschätzung, was sich wiederum positiv auf die gemeinsame Beziehungsebene auswirkt. Diese trägt entscheidend dazu bei, ob und wie Kommunikation gelingt.

2. Formen von Anleitungsgesprächen

Die Bezeichnung „Anleitungsgespräch" ist ein Sammelbegriff für alle gezielt stattfindenden Gespräche, die in regelmäßiger Form zwischen Anleiterin und Praktikantin stattfinden sollten. Der Anlass bestimmt den Inhalt und auch den Verlauf des Gesprächs.

Einführungsgespräch/Erstgespräch

Das Einführungsgespräch oder auch Erstgespräch findet in der Regel dann statt, wenn der Praktikumsplatz sicher ist. Hier werden Informationen konkretisiert. Beispielsweise können diese und weitere Fragen aufgegriffen und beantwortet werden:

- Wie gestalten sich die Arbeitszeiten der Praktikantin?
- Wie gestaltet sich der pädagogische Alltag in der Einrichtung und wie wird dieser umgesetzt?
- Welche Vorgaben gibt es bezüglich der schulischen Aufgaben?
- Welche Ziele gibt die Schule vor und bis wann sollten diese unter Einbezug der Phasen des Praktikums umgesetzt werden?
- Wann gibt es Möglichkeiten zum gemeinsamen Austausch?
- Welche Aufgaben werden der Praktikantin zugeteilt?

Es empfiehlt sich, das Erstgespräch relativ zügig, also ganz zu Beginn des Praktikums, zu führen, sodass anfängliche Unsicherheiten schnellstmöglich aufgefangen und abgebaut werden können.

Bedeutung von Anleitungsgesprächen für die Praktikantin

- → Bezug zur doppelten Didaktik: Erlernen einer gelingenden Gesprächsführung, um später selbst Gespräche durchführen zu können
- → Rückwirkende Betrachtung des pädagogischen Handelns und die Fähigkeit, daraus Rückschlüsse für das weitere Vorgehen zu ziehen
- → Weitergabe von Erfahrungswissen durch die Anleiterin an die Praktikantin und gegenseitiger Erfahrungsaustausch
- → Erlernen und Einüben von Kommunikationsmethoden und Kommunikationsmitteln
- → Erfahrung von gegenseitiger Wertschätzung und Erfahrung von respektvollem Umgang als Grundlage für die Gestaltung der Beziehungsebene
- → Entwicklung der Fähigkeit zur Selbstreflexion als wichtiger Schlüsselkompetenz für das spätere berufliche Handeln
- → Erfahrung, dass Gesprächsführung Rahmen und Struktur braucht, etwa in Form von Vorbereitung, Dokumentation usw.

Aus der Praxis

Das neue Kindergartenjahr hat begonnen und Frau Schäfer erwartet heute zum ersten Mal Ruben, der sich im zweiten Jahr seiner Ausbildung zum Kinderpfleger befindet. Ab diesem Sommer wird er einmal wöchentlich seinen Praxistag in der Einrichtung absolvieren. Nachdem Ruben die ersten Kontakte mit den Kindern geknüpft hat, möchte Frau Schäfer mit ihm ein Gespräch führen. Sie bittet ihn dazu in den Personalraum der Einrichtung, bietet ihm ein Getränk an und beginnt das Gespräch, indem sie ihm den Grund dafür nennt und Ruben einen Überblick über die Gesprächsinhalte gibt: „Es ist sinnvoll, am Anfang der Praktikumszeit ein Einführungsgespräch zu führen", beginnt Frau Schäfer. „Wir beide lernen uns besser kennen und ich erhalte Einblick in deine schulischen Aufgaben. Zudem kann ich dir ein wenig über die Einrichtung erzählen und dir deren Abläufe vorstellen."

Ruben, der noch ein wenig unsicher ist, zeigt Frau Schäfer seinen Praxisleitfaden, den er von der Schule erhalten hat. In diesem sind unter anderem die Liste, in der die Praxiszeiten dokumentiert werden, die Praktikumsphasen und die damit verbundenen Tätigkeiten, die Ruben zu erfüllen hat, festgehalten. Ruben hat außerdem eine Übersicht über konkrete Aufgaben, die er innerhalb des Praktikums durchführen soll, dabei. Gemeinsam mit Frau Schäfer überlegt er eine kleinschrittige, zielorientierte Vorgehensweise für die kommenden Praxistage. Frau Schäfer fragt Ruben, in welcher Form er schon am nächsten Praxistag eine Aktivität mit den Kindern durchführen könnte. „Vielleicht etwas im Bewegungsraum mit Bällen?", schlägt Ruben vor. „Ich habe heute die Kinder dabei beobachtet, wie viel Spaß sie daran hatten, die Bälle in den Korb zu werfen." – „Eine gute Idee", bestätigt Frau Schäfer. „Am besten, du bietest den Kindern eine offene Angebotsform an, dann hast du die Möglichkeit, viele Kinder der Gruppe näher kennenzulernen. Dann sollten wir jetzt noch deine Arbeitszeiten besprechen und im Anschluss an das Gespräch kannst du dir gerne noch Zeit für deine Tagesreflexion nehmen."

Frau Schäfer bietet Ruben noch Gelegenheit, eventuelle Fragen zu äußern. Zusammen vereinbaren sie verbindliche Zeiten, in denen künftige, regelmäßige Anleitungsgespräche stattfinden werden.

Regelmäßiges Anleitungsgespräch

Das regelmäßig stattfindende Anleitungsgespräch ist für alle Mentoring-Prozessbeteiligten von größter Bedeutung. Hier werden sämtliche Fragen, Anliegen und gegenseitige Erwartungen geklärt, beispielsweise:

- Welche Aufgaben stehen von schulischer Seite an und wie lassen sich diese umsetzen?
- Wann findet der nächste Praxisbesuch statt?
- Welche Dinge sind aufgefallen, die es zu erwähnen gilt?
- In welcher Praktikumsphase befindet sich die Praktikantin und welche Erwartungen ergeben sich in diesem Zusammenhang?

Die Liste der Fragen ließe sich beliebig ergänzen. Nehmen Sie sich für das Anleitungsgespräch regelmäßig und genügend Zeit. Am besten ist es, wenn Sie gleich zu Beginn des Praktikumsjahres den Tag und eine Uhrzeit dafür festlegen. Die Praktikantin benötigt für das Anleitungsgespräch ihre für die Praxis relevanten schulischen Unterlagen, wie z. B. den Praxisordner mit den Praxisaufgaben und die Liste, in der die Praxiszeiten dokumentiert werden. Diese Unterlagen sind Voraussetzung für einen gut funktionierenden Austausch. Wir empfehlen zudem, dass vereinbarte Punkte kurz schriftlich festgehalten und mit Datum versehen werden – so kann immer wieder auf Gesprächsinhalte zurückgegriffen werden. Eine weitere wichtige Voraussetzung für gelingende Gespräche sind die Rahmenbedingungen. Wer Gespräche in Ruhe führen möchte, braucht einen ruhigen Ort dafür und einen im Vorfeld festgelegten Zeitrahmen mit strukturellen Vorgaben, damit das Gespräch nicht ins Uferlose ausartet.

Aus der Praxis

Frau Linke, Leiterin der Kindertagesstätte Sonnenberg, trifft sich wie jeden Dienstag mit ihrer Praktikantin Ebru zum Gespräch. Beide haben diesen Termin fest in ihrem Terminkalender stehen und für beide ist es wichtig, dass diverse Inhalte besprochen werden. Heute möchte Frau Linke mit Ebru über ihre Beobachtungen von Ebrus wachsender Selbstständigkeit reden. Frau Linke ist in der letzten Woche aufgefallen, dass Ebru sich diesbezüglich in eine positive Richtung entwickelt hat. Da sich die Praktikantin im zweiten Ausbildungsjahr der praxisintegrierten Ausbildung befindet, benennt Frau Linke aber auch ihre Erwartungen an Ebru. Hierbei bezieht sie sich auf den Austausch mit den Eltern. Ebru sollte hier eigenständiger agieren und sich insgesamt mehr zutrauen. Frau Linke schlägt Ebru vor, sich in den nächsten Wochen ganz bewusst in der ersten Abholphase der Kinder im Garderobenbereich aufzuhalten, damit ein Austausch mit den Eltern zustande kommen kann und Ebru dadurch ein Übungsfeld bekommt. Ebru möchte sich der Aufgabe annehmen. Auch bietet Frau Linke Ebru an, dass sie sich bei einem bevorstehenden Elterngespräch einbringen und vielleicht sogar Teile davon selbst übernehmen kann. Frau Linke möchte dies aber vorab mit den Eltern der kleinen Mira klären. Ebru freut sich über das Angebot, äußert aber auch die Unsicherheit, die hierbei in ihr aufkommt. Die Anleiterin macht Ebru daraufhin den Vorschlag, dass sie mit ihr das Gespräch und den geplanten Verlauf im Vorfeld ganz genau durchspricht, sodass Ebru einschätzen kann, was auf sie zukommt.

„Jetzt habe ich noch zwei Themen, die mich beschäftigen", sagt Ebru. „Mein Praxisbesuch, der nächsten Monat ansteht, und die Situation vorgestern, als Samuel nicht mit mir zum Wickeln wollte und ich alles Mögliche versucht habe, damit er mit mir geht." Frau Linke überlegt kurz. Sie erinnert sich, dass Samuel an den Tagen, als Ebru in der Schule war, einen Infekt hatte und zu Hause geblieben ist. „Vermutlich war er noch ein bisschen anhänglich und hat sich dadurch eher an seine Bezugserzieherin gehalten. Das wird bestimmt wieder anders, wenn er sich besser fühlt." Und sie fährt fort: „Dann lass uns noch über deinen bevorstehenden Praxisbesuch reden, hast du schon eine Idee, die du gerne umsetzen würdest?" Ebru erzählt von ihrem Vorhaben, mit den Kindern eine Aktivität aus dem Bereich Bewegung umzusetzen. Sie hat beobachtet, dass die Kinder sich hierfür sehr interessieren. Frau Linke findet die Idee gut und

bittet Ebru, zunächst einmal einen groben Ablauf zu erstellen und diesen im kommenden Gespräch mit ihr durchzusprechen, bevor Ebru sich an die schriftliche Planung macht.

Spontangespräch
Wie der Name schon sagt, ergeben sich Spontangespräche aus einer Situation heraus und sind mit dem Tür-und-Angel-Gespräch vergleichbar. Kurze Absprachen, Weitergabe von Informationen, Klärungen bezüglich Verantwortlichkeiten oder Zuständigkeiten sind hier verortet.

Reflexionsgespräch
Das Reflexionsgespräch findet in der Regel innerhalb des regelmäßigen Anleitungsgesprächs statt. Für die Praktikantin ist es sehr wichtig, dass sie eine ehrliche und offene Rückmeldung zu ihrem Handeln erhält. Zum einen wird auf diese Weise der Ist-Stand analysiert, zum anderen ein Vorankommen und eine Weiterentwicklung der eigenen Kompetenzen ermöglicht. Daher kommt dem Reflexionsgespräch ein hoher Stellenwert zu. Reflektieren heißt rückwirkend betrachten, und genau das wird hier gemacht. Die Anleiterin gibt ihre Sicht auf das beobachtete Verhalten an die Praktikantin konstruktiv weiter und ermöglicht dadurch, dass diese daraus sowohl Rückschlüsse als auch Konsequenzen ableiten kann. Das Reflexionsgespräch sollte immer mit einem positiven Aspekt beginnen und mit einem solchen enden. In der Kultur des Feedback-Gebens gibt es unterschiedliche Methoden. Im Folgenden stellen wir zwei Methoden vor, die sich in der Praxis besonders bewährt haben.

Das Fünf-Finger-Feedback/Handfeedback
Beim Fünf-Finger-Feedback steht jeder Finger für eine Aussage in Bezug auf die (beobachtete) Situation (s. Schaubild oben). Über die vorgegebenen Impulse kommen Sie miteinander ins Gespräch.

Das Burger-Feedback
Beim Burger-Feedback bietet es sich an, mit einem Lob zu beginnen, etwa „Was läuft gut?“, „Was ist mir positiv aufgefallen?“. Als zweiter Schritt folgt die konstruktive Kritik, z. B.: „Worin brauchst du Unterstützung?“, „Welche Herangehensweisen, außer der von dir gewählten, wären noch denkbar?“, „Ich möchte dich dazu ermuntern, dass du einen Perspektivwechsel vollziehst, um die Situation aus einem anderen Blickwinkel zu betrachten“. Als Abschluss eignen sich noch einmal ein Lob, eine kleine Aufmunterung oder ein positiver Ausblick. Beim Reflektieren seitens der Anleiterin stellt diese ihre Sicht der Dinge dar und bietet der Praktikantin Deutungszusammenhänge an. Ein wichtiger Aspekt hierbei ist, dass die Anleiterin versucht,

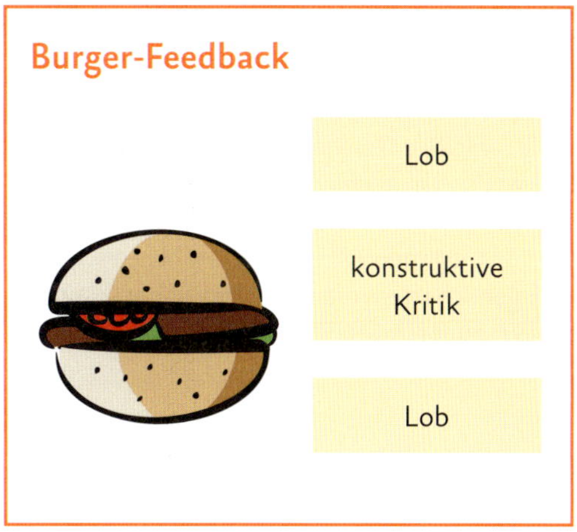

die Praktikantin durch Gesprächsimpulse oder entsprechende Fragestellungen zum Nachdenken und Analysieren anzuregen. Der Biologe und Hirnforscher Gerhard Roth sagt dazu: „Wissen kann nicht übertragen werden, es muss im Gehirn eines jeden Lernenden neu geschaffen werden“ (Roth 2003, S. 20). Das Nachdenken über das eigene Handeln und die thematisierte Situation ermöglicht es der Praktikantin, in einen Lernprozess zu gelangen. Im Rahmen der Entwicklung von personalen Kompetenzen spielt die Fremdwahrnehmung, also das Rückmelden vonseiten der Anleiterin, eine wichtige Rolle.

Selbstreflexion

Beim Blick zurück analysiert die Praktikantin ihr Handeln selbst. Sie bezieht hierbei auch die gemachten Erfahrungen mit ein und bringt ihre eigene Wahrnehmung zum Ausdruck (Selbstwahrnehmung). Gelingt es der Praktikantin, ihr eigenes Verhalten zu reflektieren, können daraus Entwicklungsziele und Veränderungen abgeleitet werden. Auch hierbei kann mit der Fünf-Finger-Feedback-Methode gearbeitet werden, die Fragestellungen sollten dann aus der Ich-Perspektive heraus formuliert werden.

Weitere Fragen, die für die Praktikantin zielführend sind:

- Welche Konsequenzen ziehe ich aus meinem pädagogischen Handeln?
- In welchen Bereichen möchte ich mich weiterentwickeln?
- Was möchte ich künftig ausprobieren?
- Was möchte ich künftig ändern?
- Welche Ziele möchte ich verfolgen und wie kann ich diese erreichen?

Effekt-Fallen bei der Beurteilung

- Der Vorurteilseffekt: Klischees und Vorurteile fließen in die Beurteilung mit ein („Dicke Menschen haben mehr Humor …“).
- Der Milde-Effekt: Je sympathischer uns ein Mensch erscheint, desto mehr sehen wir über seine Schwächen hinweg.
- Der Halo-Effekt: Ein besonderes, meist positives Merkmal scheint hervor (engl. halo = Heiligenschein) und andere (meist negative Eigenschaften) werden ausgeblendet.
- Der Kontrast-Effekt: Es wird nur das wahrgenommen, was im Gegensatz (Kontrast) zu den eigenen Fähigkeiten steht.
- Der Projektionseffekt: Eigenschaften, die wir selbst haben, werden anderen Menschen zugeschrieben.

Wie schon erwähnt, ist es hilfreich, Gespräche schriftlich zu dokumentieren. Ein Reflexionsheft, das von der Praktikantin geführt wird, unterstützt die Eigenverantwortlichkeit und das eigene Lernen.

Konfliktbearbeitungsgespräch

Das Wort „conflictus“ stammt aus dem Lateinischen; es bedeutet so viel wie „Zusammenstoß“. Überall dort, wo Menschen zusammen sind, kommt es zu solchen Zusammenstößen. Unterschiedliche Meinungen, Erwartungen, die nicht erfüllt werden, Unzuverlässigkeit, fehlendes Engagement, eine schwierige Beziehung zwischen Anleiterin und Praktikantin: All das birgt Potenzial für Unstimmigkeiten.

Am Anfang einer Konfliktphase steht oft das Beobachten und das Gewährenlassen, ein „Abwarten-was-passiert“. Da Konflikte und deren Bearbeitung für die meisten Menschen ein schwieriges Thema sind, neigt man oft zu der Hoffnung, dass sich der Konflikt irgendwann von selbst auflöst. Leider gelingt dies in den allerwenigsten Fällen. Fest steht: Je länger ein Konflikt schwelt und je länger man damit wartet, ihn zu bearbeiten, desto mehr verhärtet er sich und desto schwieriger ist die Bearbeitung des Konflikts. Am Ende bleibt dann nur ein Hinzuziehen von Dritten, die mit neutraler Sichtweise Lösungswege aufzeigen. Zu welchem Zeitpunkt ein Konflikt angesprochen werden sollte, hängt u.a. auch davon ab, wie stark Sie als Mentorin die Unstimmigkeit belastet. Ein zügiges Vorgehen ist dennoch ratsam, damit der Konflikt nicht weiterwachsen kann.

Beurteilungsgespräch

Am Ende eines Praktikums steht die Leistungsbeurteilung. Bevor eine endgültige Festlegung der Leistung erfolgt und diese an die Schule weitergegeben wird, muss ein Beurteilungsgespräch zwischen Anleiterin und Praktikantin stattfinden. Für die Praktikantin ist das Gesamtergebnis ihrer Leistung am Ende des Praktikumsjahres sehr wichtig, erhält sie hierbei doch eine Zusammenfassung in dokumentierter Form über die Qualität ihrer Arbeit.

Oftmals ist das Beurteilungsgespräch mit gewissen Ängsten vonseiten der Praktikantin besetzt, da hier deutlich wird, wo ihre Schwächen liegen und in welchen Bereichen ein weiterer Kompetenzerwerb stattfinden sollte. Umso wichtiger ist es, dass über das gesamte Jahr immer wieder über die Leistung der

Fortsetzung Seite 38

Gesprächsformen im Überblick

Gesprächsform	Inhalt	Anwesende	Setting	Ziel
Einführungs-/ Erstgespräch	• erste Abläufe und Strukturen kennenlernen • Aufgaben klären • gegenseitige Erwartungen klären • Gespräche und von der Schule geforderte Praxisaufgaben terminieren • Fragen klären	• Anleiterin • Praktikantin	Besprechungsraum, Mitarbeiterinnen-Zimmer: • Fragen klären • gemeinsame Erörterung • gegenseitiger Austausch • Methoden der Gesprächsführung	• positiver Verlauf des Einarbeitungsprozesses
Anleitungsgespräch	• regelmäßiger, zeitlich festgelegter Austausch über alle Themen, die für den Ausbildungsprozess innerhalb der Praxis relevant sind • Phasen des Praktikums besprechen • Ziele der Praktikantin festlegen und überprüfen • Erwartungen klären • Aufgaben der Praktikantin festlegen und erweitern	• Anleiterin • Praktikantin	Besprechungsraum, Mitarbeiterinnen-Zimmer: • Austausch von Informationen • Methoden der Gesprächsführung wie aktives Zuhören • Fragen zur Befindlichkeit	• regelmäßiger Austausch • Kennenlernen von Kommunikationsformen und Gesprächsverläufen • Dokumentation von Lernentwicklung
Spontangespräch	• kurze, meist von der Situation abhängige Absprachen • Organisatorisches • Spontanhandlungen	• Anleiterin • Praktikantin • Kolleginnen	„Zwischen Tür und Angel", an keine Örtlichkeit gebunden	• Klärung und Aufteilung
Reflexionsgespräch	• rückblickende Betrachtung des pädagogischen Verhaltens und Handelns der Praktikantin durch Fremdwahrnehmung und Selbstwahrnehmung	• Anleiterin • Praktikantin	Besprechungsraum, Mitarbeiterinnen-Zimmer	• Selbstreflexion erlernen und anwenden • Entwicklungsprozesse anregen und Rückschlüsse aus den gemachten Erfahrungen ziehen
Konfliktgespräch	• Konflikte und Unstimmigkeiten ansprechen und bearbeiten • Konfliktlösungsstrategien erarbeiten	• Anleiterin • Praktikantin • je nach Bedarf Praxislehrkraft	Besprechungsraum, Mitarbeiterinnen-Zimmer, ruhiger Rahmen	• Milderung oder Lösung eines Konfliktes
Beurteilungsgespräch	• Leistungsbeurteilung der Praktikantin	• Anleiterin • Praktikantin	Besprechungsraum, Mitarbeiterinnen-Zimmer, ruhiger Rahmen	• Transparenz schaffen durch Aufzeigen der einzelnen Kompetenzbereiche, der Stärken und des Entwicklungspotenzials der Praktikantin

Praktikantin gesprochen wird, damit sie eine Chance erhält, sich weiterzuentwickeln. Für die Anleiterinnen gestaltet sich dieser Part oft als der schwierigste im gesamten Aufgabenbereich des Mentoring. Denn an welchen Parametern lassen sich pädagogische Aufgaben bemessen? Zudem fließt bei der Beurteilung immer auch die subjektive Wahrnehmung mit ein. Aus psychologischer Sicht wirken bei der Beurteilung von Leistungen verschiedene Effekte mit. Versuchen Sie, sich bei Ihrem Vorentwurf der Beurteilung dieser „Effekt-Fallen" (s. Kasten Seite 36) bewusst zu sein. Sind Sie sich über diese Effekte im Klaren, so können Sie sie gezielt umgehen und sie fließen erst gar nicht in die Bewertung mit ein (vgl. Stamer-Brandt 2011).

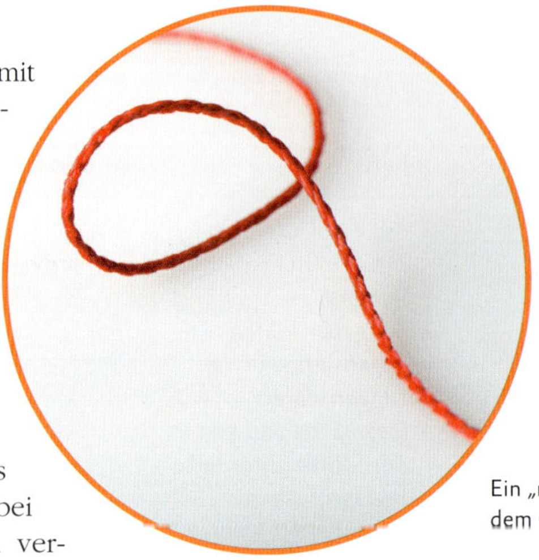

Ein „roter Faden" gibt dem Gespräch Struktur

Wie bei allen anderen Gesprächsformen sollten auch im Beurteilungsgespräch bestimmte Rahmenbedingungen beachtet werden: Eine ruhige Atmosphäre, genügend Zeit und ein festgelegter zeitlicher Rahmen sind hilfreich. Machen Sie sich im Vorfeld Notizen zu den Bereichen, die angesprochen werden sollen, und erwarten Sie dies auch von der Praktikantin. Somit hat jede die Chance, sich im Vorfeld mit den einzelnen Themenfeldern auseinanderzusetzen.

Für den Gesprächsverlauf empfiehlt es sich, dass Sie mit positiven Eigenschaften beginnen und der Praktikantin aufzeigen, was sie leistet, wo ihre Kernkompetenzen liegen und wo Sie noch Entwicklungspotenzial sehen. Lassen Sie unbedingt auch die Sichtweise und die Einschätzung der Praktikantin zu! Gerade bei Beurteilungsgesprächen ist eine einheitliche Sichtweise leider nicht immer möglich. Fremd- und Selbstwahrnehmung sollten im Idealfall deckungsgleich sein, dies ist aber leider nicht immer der Fall. Versuchen Sie hier, der Praktikantin differenziert aufzuzeigen, warum und wie Sie ihre Leistung einschätzen. Versuchen Sie dabei ehrlich und sachlich zu sein und belegen Sie Ihre Aussagen mit Beispielen. Dadurch wird das Gesagte für die Praktikantin verständlicher.

3. Gespräche vorbereiten

Wenn wir in ein gut vorbereitetes, strukturiertes Gespräch gehen, fühlen wir uns wertgeschätzt und es erleichtert den Gesprächsverlauf für alle Beteiligten enorm. Versuchen Sie dennoch eine gelungene Balance zwischen strukturierten Vorgaben und Freiräumen zu halten. Der Gesprächsanlass bestimmt den Verlauf des Gesprächs; hierzu im Folgenden einige Fragen, die für die Vorbereitung hilfreich sind.

Fragen für die Gesprächsvorbereitung für Anleiterinnen

- Welche Art von Gespräch möchte ich führen?
- Was möchte ich der Praktikantin mitteilen?
- Welche Ziele verfolge ich mit dem Gespräch?
- Welchen zeitlichen Rahmen lege ich dafür fest?
- Welche Schwierigkeiten könnten sich ergeben?
- Wie ist das weitere Vorgehen?

Wenn Sie diese Fragen zur (schriftlichen) Vorbereitung nutzen, haben Sie einen „roten Faden", der Sie durch jedes Gespräch führt. Der Zeitaufwand, um die Fragen kurz und stichpunktartig zu beantworten, ist gering. Nehmen Sie Ihre Stichpunkte mit in das Gespräch und geben Sie der Praktikantin ebenfalls die Gelegenheit, im Vorfeld eigene Gedanken zu formulieren. Die Praktikantin sollte ihre Notizen ebenfalls zum Gespräch mitbringen:

Fragen für die Gesprächsvorbereitung für Praktikantinnen

- Was ist der Anlass für das Gespräch?
- Was möchte ich meiner Anleiterin mitteilen?
- Welche Themen beschäftigen mich?
- Wo brauche ich – ganz konkret – Hilfestellung und Unterstützung?
- Welche Ziele verfolge ich mit dem Gespräch?
- Wie könnte ein weiteres Vorgehen aussehen?

Grundsätzlich sollte bei allen Gesprächen eine schriftliche Dokumentation erfolgen. Meist genügt ein kurzes Ergebnisprotokoll, das die wichtigsten besprochenen Inhalte zusammenfasst. Eine handschriftliche Form reicht völlig aus. Wird im Gespräch konflikthaftes Verhalten angesprochen und werden weitere Vorgehensweisen und Ziele vereinbart, so sollten auch diese Punkte unbedingt schriftlich festgehalten werden. Dazu ist ein einfach gestalteter Zielvereinbarungsbogen hilfreich, auf dem alle am Gespräch Beteiligten unterschreiben. Dies signalisiert eine gewisse Verbindlichkeit. Diese Regelung sollte auch für weitere (Zielüberprüfungs-)Gespräche gelten.

Das Vier-Seiten-Modell (nach Friedemann Schulz von Thun)

Eine Nachricht hat jeweils vier Seiten:

- Sachinhalt: Worüber möchte ich informieren?
- Selbstoffenbarung: Was teile ich von mir mit?
- Appell: Wozu will ich veranlassen?
- Beziehung: Wie sehe ich die Beziehung zum Gesprächspartner?

Eine Nachricht kann mit vier verschiedenen „Ohren" empfangen werden:

- Sachohr
- Selbstoffenbarungsohr
- Appellohr
- Beziehungsohr

4. Gespräche führen – miteinander kommunizieren

Ob ein Gespräch gelingt, hängt maßgeblich von der Art unserer Kommunikation ab. Wie führe ich gute Gespräche?

Aus der Praxis

Die Erzieherin Jana hat derzeit viele komplexe Aufgaben zu bewältigen, die über das normale Arbeitspensum hinausgehen. Sie erzählt einer Freundin davon: „Meine Kollegin fällt wegen Krankheit aus und unser Kollege, der normalerweise die Vertretung übernimmt, fällt ebenfalls aus, weil er sich zu Hause um sein krankes Kind kümmern muss. Dazu muss ich noch die Teamsitzung für nächste Woche vorbereiten und eine Mutter bittet dringend um ein Elterngespräch. Hinzu kommt, dass bei meiner Praktikantin der nächste Praxisbesuch ansteht, bei dessen schriftlicher Planung sie meine Hilfe braucht. Mir wird das alles zu viel, ich schaffe es im Moment nicht mehr!" Janas Freundin antwortet daraufhin: „Zum Glück kommen auch wieder andere Zeiten, mach dir nicht so viel draus!" Jana fühlt sich dadurch noch hilfloser, und auch die Freundin bemerkt, dass ihre Aussage für Jana nicht wirklich hilfreich war.

Was ist in diesem Gespräch nicht gut gelaufen? Gleich mehrere Faktoren (Missverständnisse, Nicht-Kommuniziertes und Nicht-Gehörtes) spielen hier zusammen: Nachdem Jana von ihrer Überforderung berichtet hat, hätte sie nun sicherlich Lösungsvorschläge oder Ideen zur Stressvermeidung erwartet. Sie hat dies erwartet, aber nicht ausgesprochen! Ihre Freundin war verunsichert, weil die Aussage für sie nicht klar kommuniziert war und sie keine eindeutige Botschaft herausfiltern konnte („Möchte Jana einfach mal ‚Dampf ablassen'? Möchte sie Trost oder konkrete Unterstützung von mir?"). Denken wir an Kommunikation, so verbinden wir dies in erster Linie mit Sprechen. Dem Zuhören wird eher ein geringer Stellenwert beigemessen – zu unrecht. Laut dem Kommunikationsforscher Friedemann Schulz von Thun hat jede Nachricht vier Seiten, die in Wechselwirkung mit dem jeweiligen „Ohr", mit dem die Nachricht empfangen wird, stehen (s. Kasten oben). Wie eine Nachricht beim Empfänger ankommt, also mit welchem „Ohr" er sie hört, ist abhängig von verschiedenen Faktoren wie z. B.:

- Handelt es sich um eine Besprechung oder um ein persönliches Gespräch?
- In welcher Beziehung stehen die Gesprächspartner zueinander?
- Welche Rollen haben die Gesprächspartner?

Unproblematisch verläuft ein Gespräch in der Regel, wenn die Nachricht mit dem Appellohr oder dem Sachohr empfangen wird. Schwieriger wird es – und hierbei kommt es häufig zu Kommunikationsproblemen oder Missverständnissen –, wenn der Empfänger die Nachricht mit dem Beziehungs- oder Selbstoffenbarungsohr entschlüsselt. Betrachten wir das „Vier-Seiten-Modell", dann wird nochmals deutlich, dass das Zuhören genau den gleichen Stellenwert hat wie das Senden einer Nachricht. Zuhören will also gelernt sein. Oft lassen sich Missverständnisse und Kommunikations- oder sogar Beziehungsprobleme darauf zurückführen, dass das Gegenüber nicht richtig zuhört oder dass auf weiteres Nachfragen verzichtet wird.

Aktives Zuhören

Unter aktivem Zuhören versteht man die gefühlsbetonte Reaktion des Zuhörers auf das, was er von seinem Gegenüber hört. Durch das aktive Zuhören soll eine positive Beziehung aufgebaut werden. Der Zuhörer fühlt sich in das Gegenüber ein und bestätigt lediglich das Gehörte oder fasst es in eigenen Worten nochmals zusammen.

Was sollte beim aktiven Zuhören beachtet werden?

- aufmerksam sein
- Empathie zeigen
- auf positive Körpersprache achten
- keine Wertung und keine Lösungsvorschläge geben
- jegliche Störfaktoren ausblenden
- durch Wiederholen oder Zusammenfassen des Gehörten zeigen, dass man alles verstanden hat

Ziele des aktiven Zuhörens:

- durch Wiederholung Rückversicherung darüber erhalten, dass man den anderen richtig verstanden hat
- das emotional Wichtige aus der Botschaft heraushören (in eigenen Worten wiedergeben, sodass sich das Gegenüber verstanden fühlt)
- Vertrauen aufbauen, Missverständnisse abbauen

Am Beispiel Jana wird deutlich, dass ihre Freundin ihr hätte deutlich machen können, dass sie ihre Überforderung wahrnimmt, etwa durch eine Äußerung wie: „Das ist sehr anstrengend zurzeit für dich, da du viele Aufgaben zusätzlich übernehmen musst." Jana hätte sich dadurch eher verstanden und sogar unterstützt gefühlt.

Ich-Aussagen statt Du-Botschaften

Aus der Praxis

Die Praktikantin Eva kommt regelmäßig zu spät in die Einrichtung, da ihr Bus häufig Verspätung hat. Sie entschuldigt sich jedes Mal dafür und es scheint ihr auch selbst unangenehm zu sein. Das gemeinsame Frühstück in der Einrichtung hat meist schon begonnen, wenn Jana ankommt und in die Situation hineinplatzt. Tobi, Evas Anleiter, möchte Eva darauf ansprechen.

Wie spricht Tobi das Thema am besten an? Beim Verwenden von Ich-Aussagen anstelle von Du-Botschaften geht es in erster Linie darum, die eigenen Gefühle und Gedanken zum Ausdruck zu bringen. Eine ehrliche Ich-Aussage gibt Einblick in das Empfinden des „Senders" und stärkt auf diese Weise die Beziehung. Anklagen und Kritik in Form von „Du-Botschaften" bleiben außen vor.
Es gibt drei verschiedene Komponenten, die Ich-Aussagen enthalten sollten:

1. Das störende Verhalten wird ohne Wertung beschrieben.
2. Die dadurch ausgelösten Gefühle werden geschildert.
3. Die Konsequenz des störenden Verhaltens wird erläutert.

Tobi könnte also sein Anliegen z. B. so vorbringen:

1. „Du kommst häufig zu spät." (Beschreibung des störenden Verhaltens)
2. „Das stört mich." (Beschreibung der ausgelösten Gefühle)
3. „Die Frühstückssituation wird dadurch immer unterbrochen, die Abläufe und Rituale können nicht eingehalten werden." (Konsequenzen)

Eva kann so zu der Einsicht kommen, dass sie den späten Bus nicht mehr nehmen kann und ihr Verhalten bezüglich des Zuspätkommens künftig ändern muss.
Andere Beispiele für Ich-Aussagen, die Du-Botschaften ersetzen, sind:

- „Ich brauche Ruhe." (Statt: „Du nervst.")
- „Ich fühle mich überfordert." (Statt: „Übertrage mir nicht so viele Aufgaben!")
- „Ich wünsche mir mehr Engagement." (Statt: „Du zeigst zu wenig Einsatz.")

Offene, geschlossene und ressourcenorientierte Fragen

Gespräche beinhalten in der Regel auch Fragen an das Gegenüber. Dabei wird zwischen offenen, geschlossenen und ressourcenorientierten Fragen unterschieden. Während geschlossene Fragen nur mit Ja oder Nein beantwortet werden können, lassen offene Fragen dem Gegenüber mehr Raum und Möglichkeiten für Antworten.

Beispiel für eine geschlossene Frage: „Hattest du diese Probleme schon einmal?"
Beispiel für eine offene Frage: „Wie bist du bisher mit diesen Problemen umgegangen?"
Beispiel für eine ressourcenorientierte Frage: „Was hat dir im Umgang mit deinen Problemen bisher geholfen?"

Diese Formen der Fragestellung sollten im gemeinsamen Gespräch bedacht werden und Anwendung finden (vgl. Fischer/Speck-Giesler 2014).

5. Ursachen für Konflikte

Eine Praktikantin, die unzuverlässiges Verhalten zeigt, immer wieder zu spät kommt und ihre Ziele nicht mehr verfolgt, ist ein typischer Anlass für einen Konflikt. Das Gleiche gilt, wenn sich bei der Praktikantin eine Weiterentwicklung der beruflichen Kompetenzen nicht abzeichnet, weil zu wenig Engagement vorhanden ist und sich gegenseitige Erwartungen nicht erfüllen. Ein Konflikt beruht fast immer auf Problemen in der Kommunikation und dem Gefühl, sich nicht verstanden zu fühlen. In den allermeisten Fällen bewegen sich Gefühle auf der Beziehungsebene und weniger auf der Sachebene. Typische Gedanken bei einem Konflikt, der auf der Beziehungsebene beruht, können sein: „Sie zeigt wenig Interesse", „Er macht ja ohnehin nur das, was er will", „Sie wirkt arrogant" …

An welchen Signalen können Sie erkennen, dass ein Konflikt besteht oder dass sich ein Konflikt anbahnt?

- „Widerspruch: unbegründete Einwände, Vorwürfe, Drohungen, Polemik, persönliche Angriffe, Beleidigungen, Uneinsichtigkeit
- Aufregung: Unruhe, Streit, Bildung von Fraktionen
- Ausweichen: Schweigen, Blödeln, Bagatellisieren, Ins-Lächerliche-Ziehen, Debattieren von Unwichtigem
- Lustlosigkeit: Unaufmerksamkeit, Desinteresse, Müdigkeit, „innere Emigration", Teilnahmslosigkeit, Unpünktlichkeit
- Körperliche Symptome: Krankheit" (Forschungsinstitut Betriebliche Bildung o.J.)

Zunächst sollten Sie herausfinden, worin der Konflikt besteht. Handelt es sich um ein schon länger bestehendes Problem, verhärten sich Konflikte häufig und eine Lösung ist dann nicht immer in Aussicht. Daher empfiehlt es sich, mit der Bearbeitung nicht allzu lange zu warten, sobald der Konflikt erkannt ist. Nur so kann eine rasche Lösung möglich werden.

Ziele der Konfliktlösung

- Ermöglichung neuer, bisher gebremster Kreativität
- Erweiterung von gemeinsamen Handlungsmöglichkeiten
- Aussprechen von Unausgesprochenem
- Wieder-Fließenlassen von blockierter Energie
- Erkennen von eigenen Anteilen am Konflikt
- Akzeptanz anderer Positionen

Wünschenswert ist eine Lösung, die es wenigstens auf der Arbeitsebene ermöglicht, einen einigermaßen guten Umgang miteinander zu finden.

6. Handlungsschritte in der Konfliktbearbeitung

Konflikte und deren Bearbeitung bedeuten für alle Beteiligten, dass sie gewissen Stressfaktoren ausgesetzt sind. Entscheidet sich eine Einrichtung für eine Praktikantin und es kommt zu Konfliktsituationen, dann ist das für die Anleiterin eine deutliche Mehrbelastung. Zu allen Aufgaben des pädagogischen Alltags kommt nun auch noch die Konfliktbearbeitung hinzu. Konflikte werden außerdem häufig als belastender empfunden als das eigentliche Arbeitspensum, auch wenn es sehr hoch ist. Aus diesen Gründen ist es wichtig, Konflikte schnell zu thematisieren. Es gibt verschiedene Methoden, um einen Konflikt zu bearbeiten, aber immer liegt der Bearbeitung zunächst ein Gespräch zugrunde.

Wie bereite ich ein Konfliktgespräch vor?
Folgende Leitfragen sind für die Vorbereitung und Durchführung des Konfliktgesprächs hilfreich:

- Seit wann nehme ich den Konflikt wahr?
- Wie äußert sich der Konflikt?
- Um was geht es genau?
- Welche Gefühle löst der Konflikt in mir aus?
- Welche Interessen und Ziele verfolge ich?
- Perspektivwechsel: Wie würde die Praktikantin den Konflikt bewerten und diese Fragen beantworten?

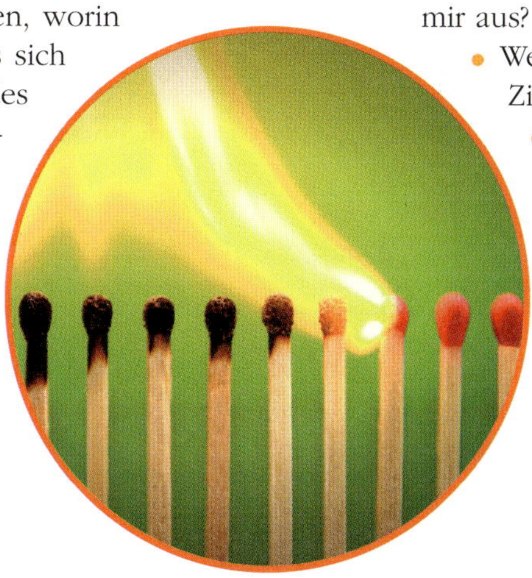

Zündstoff für Konflikte kann z. B. Unzuverlässigkeit der Praktikantin sein

Konflikte am besten nicht zwischen Tür und Angel klären

Ist die Konfliktanalyse erfolgt, kann ein Konfliktbearbeitungsgespräch stattfinden. Hierfür brauchen alle Beteiligten einen ruhigen Rahmen. Auch müssen die Rollen der am Gespräch beteiligten Personen klar definiert sein. Die Anleiterin ist keine Freundin oder Seelsorgerin der Praktikantin. Gestaltet sich diese Rollendefinition schwierig, dann entwickelt sich auch die Konfliktbewältigung problematisch, da in freundschaftlichen Beziehungen ganz andere Standards gelten.

Während des Gesprächs sollten die beschriebenen Kommunikationsmethoden wie das aktive Zuhören, Ich-Aussagen statt Du-Botschaften oder auch das Burger-Feedback Anwendung finden. Auch sollten Sie mit einer gewissen Klarheit vorgehen: Es darf ein deutlicher Schlussstrich Ihrerseits erfolgen, wenn ein Weiterführen des Gesprächs nicht möglich ist. („Auf dieser Ebene möchte ich mich nicht mehr auseinandersetzen.") Auch dürfen Sie von Ihrer Praktikantin diese Klarheit einfordern („Was meinst du genau damit"?).

Vorgehen bei schwereren Konflikten

Wenn ein Konflikt zwischen Praktikantin und Anleiterin nicht lösbar scheint, Absprachen und Zielvereinbarungen seitens der Praktikantin immer wieder gebrochen werden, so sollte zügig mit der betreuenden Fachschule Kontakt aufgenommen werden. Oder Sie bringen die bestehenden Schwierigkeiten beim nächsten Praxisbesuch vor. Informieren Sie dann aus Gründen der Transparenz auch die Praktikantin über Ihr geplantes Vorgehen. Auch Gespräche, in denen das konflikthafte Verhalten angesprochen wird, sollten immer an einem „runden Tisch" stattfinden, sodass eine gewisse Transparenz vorhanden bleibt und der Datenschutz eingehalten wird. Hier ist es sehr ratsam, sich über den Gesprächsverlauf Notizen zu machen und diesen zu dokumentieren. Durch das Hinzuziehen der Praxislehrkraft verschaffen Sie sich eine gewisse Entlastung und können dadurch auch ein Stück Verantwortung abgeben. Jede Auseinandersetzung mit dem Konflikt kostet Kraft. Überanstrengen Sie sich nicht und gehen Sie mit Ihren eigenen Ressourcen achtsam um. Holen Sie sich Unterstützung, wenn ein Vorankommen in der Konfliktbearbeitung nicht möglich ist.

Weitere Methoden der Konfliktlösung (vgl. Brandl 2019)

Die Kopfstand-Methode

1. Das Problem wird in einer Frage formuliert: „Was könntest du tun, damit regelmäßige Angebote mit den Kindern stattfinden?"
2. Die Fragestellung wird „auf den Kopf gestellt" und umformuliert: „Was könntest du tun, damit noch weniger Angebote stattfinden?"
3. Jetzt sollen Lösungen in der umgekehrten Form gefunden werden (= Negativlösungen), z. B.:
   - „Ich könnte die Kinder noch weniger beobachten und somit noch weniger ihre Interessen kennenlernen."
   - „Ich könnte noch weniger Fachliteratur für mögliche Ideen der Umsetzung heranziehen."
   - „Ich brauche bei meiner Anleiterin nicht mehr nachzufragen."
4. Die Antworten werden nun in positive Sätze umgewandelt.

Auch wenn dieses Vorgehen ungewöhnlich erscheint, so werden bei dieser sehr hilfreichen Methode gewohnte Denkmuster durchbrochen, und es fällt dadurch oftmals leichter, eine neue Sicht auf die Dinge zu entwickeln.

Die Wetterkarte

Auf einen Bogen Papier zeichnen Sie eine Sonne, eine Wolke und einen Blitz. Nun bitten Sie die Praktikantin, die Lage und die eigenen Gefühle mithilfe der Wettersymbole zu schildern:

- Wo habe ich trübe Gedanken? (Wolken)
- Wo sehe ich Störungen? (Blitz)
- Was sollte/kann ich tun, damit wieder die Sonne scheint?

Ablauf eines Konfliktgesprächs

Ablauf	Beispiele
Positiver Gesprächsbeginn	„Gut, dass wir heute zusammensitzen!“ „Wie ich sehe, hast du dir ebenfalls Notizen gemacht, das finde ich gut.“
Den Gesprächsanlass und das Gesprächsziel benennen	„Wir sitzen heute zusammen, weil ...“ „Ich möchte mit dir über ... reden, damit wir Klarheit schaffen können.“
Beobachtetes Verhalten verbalisieren	„Mir ist aufgefallen, dass ...“ „Ich habe beobachtet, dass ...“
Sichtweise des Gegenübers erfragen	„Wie nimmst du die Situation, die ich beobachtet habe, wahr?“ „Siehst du es auch so?“ „Wie ist deine Sicht auf die Dinge?“
Kernaussagen zusammenfassen	„Jeder hat nun seine Sicht auf die Situation geschildert.“ „Hier sehen wir Gemeinsamkeiten.“ „Hier haben wir unterschiedliche Ansichten.“
Gemeinsam nach Lösungen suchen	„Was meinst du, wie könnten wir künftig mit der Situation umgehen?“ „Hast du Ideen, die zu einer Lösung des Konflikts führen könnten?“ „Ich habe folgenden Lösungsvorschlag.“
Vereinbarungen und Konsequenzen schriftlich festhalten	„Wir haben festgestellt, dass eine mögliche Lösung ... sein könnte.“ „Wenn dies nicht eintreffen sollte, dann ...“
Konkreten Termin für ein Gespräch zur Überprüfung des Vereinbarten festlegen	„Wir setzen uns in vier Wochen wieder zusammen und schauen, ob eine Veränderung stattgefunden hat.“
Positiver Abschluss	„Ich bin froh, dass wir einige Punkte benennen und klären konnten.“ „Gut, dass wir das Problem angesprochen haben!“

Am Lernort Praxis findet Erfahrungslernen statt

V. Lernort (Hoch-)Schule – Lernort Praxis

1. Lernortkooperation

Die Auszubildenden sollen zum Ausbau ihrer beruflichen Handlungskompetenzen am Lernort Schule sowie am Lernort Praxis möglichst vielfältige Erfahrungen sammeln. Idealerweise verzahnen sich die beiden Lernorte miteinander, sodass Lerninhalte aus der Schule in der Praxis beobachtet, erprobt und überprüft werden können. Möglichst sollten die dabei gesammelten Erfahrungen dann in einem Reflexionsgespräch vertieft werden. Dabei ist die besondere Bedeutung des Lernorts Praxis hervorzuheben, denn dort findet Erfahrungslernen in direkten Sinnzusammenhängen statt. Diese Form des Lernens ist laut den Erkenntnissen der Hirnforschung für Lehr- und Lernprozesse unglaublich wertvoll. Es ist wesentlich nachhaltiger als rein theoretisch gespeiste Lernprozesse.

Die strikte Zuordnung des theoretischen Wissens zur Schule und der praktischen Fähigkeiten zur Kita sollte heutzutage überholt sein. Vielmehr geht es um ein ergänzendes Miteinander, bei dem Schule und Praxiseinrichtung sich in der gemeinsamen Verantwortung für die Ausbildung von Erzieherinnen und Kinderpflegerinnen sehen. Dabei sollen sich Lernprozesse, die in der Schule begonnen werden, mit Praxiserfahrungen verzahnen. Auch die umgekehrte Abfolge ist möglich. Dieser Gedanke der Verzahnung ist mittlerweile zu einem Ausbildungsstandard geworden. So heißt es z.B. in den gemeinsamen Grundsätzen des Kultusministeriums in Baden-Württemberg: „Die praktische Ausbildung im Handlungsfeld Sozialpädagogisches Handeln in verschiedenen Arbeitsfeldern dient der Anwendung und Vertiefung der im schulischen Unterricht erworbenen Kenntnisse, Fertigkeiten und Fähigkeiten. (...) Schule und Einrichtung stellen dabei in engem Zusammenwirken eine effektive Verzahnung von schulischem Unterricht und dessen praktischer Umsetzung in der Einrichtung sicher" (Ministerium für Kultus, Jugend und Sport Baden-Württemberg 2007, S. 2).

Ein wichtiges Instrument zur gegenseitigen inhaltlichen Abstimmung ist der Einsatz eines Ausbildungsplans, der durch die Schule vorgegeben und am Lernort Praxis konkretisiert wird (s. Kapitel III.3). Darin enthalten sind Aufgaben oder Themen, die in der Praxis beobachtet oder durchgeführt werden sollen.

Verzahnung von Ausbildungsinhalten

Eine sinnvolle Theorie-Praxis-Verzahnung geht allerdings nicht nur vom Unterricht aus, sondern bezieht praktische Erfahrungen der Schülerinnen aus der Praxiseinrichtung kontinuierlich in die Erarbeitung von Lehrplaninhalten mit ein. Von daher ist es essenziell, dass sich die Lehrkraft in ihrer inhaltlichen Ausgestaltung des Unterrichts auch an den gesammelten Erfahrungen in der Praxis orientiert und diese aufgreift. In diesem Sinne besteht zwischen dem Lernort Schule und dem Lernort Praxis eine sogenannte Lernortkooperation. Durch sie wird eine sinnvolle und effektive Verzahnung von Ausbildungsinhalten und intensiven sowie nachhaltigen Lernprozessen möglich. Die Lernortkooperation versteht sich dabei nicht als ein paralleles Wirken an den unterschiedlichen Lernorten. Vielmehr geht es um ein Zusammenwirken aller Ausbildungsbeteiligten, die ein gemeinsames Ziel verfolgen, und zwar die Praktikantin beim Erwerb von beruflicher Handlungskompetenz zu unterstützen und zu begleiten.

Kooperation zwischen Einrichtung und Hochschule

Da im Studium keine benoteten Praxisbesuche stattfinden, entsteht zum Teil das Bild, es bestünde zwischen der Hochschule und den Praxiseinrichtungen eine weniger ausgeprägte Praxiskooperation. Daher möchten wir an dieser Stelle die Lernortkooperation zwischen der Hochschule und dem Lernort Praxis näher beleuchten und mögliche Formen der Theorie-Praxis-Verzahnung nennen.

In der Regel beginnt die Kooperation zwischen der zuständigen Anleiterin und der Hochschule mit einem Anleitungstreffen, bei dem die Anleiterin konkrete Informationen über die Praxisphase und die darin enthaltenen Praxisaufgaben bekommt. Ein erstes Kennenlernen zwischen der zuständigen Ansprechpartnerin und Ihnen als Anleiterin findet statt. Die Betreuung der Praxisphasen erfolgt über die Studiengangsleitung oder eine dafür beauftragte Person. Diese besucht möglicherweise die Studierenden in der Praxisphase und steht für Fragen und Themen, die im Rahmen des Mentoring auftauchen, zur Verfügung. Praxisbesuche, die mit einer Bewertung einhergehen, sind im Rahmen des Studiums nicht vorgesehen. Auch während des Studiensemesters bieten die Hochschulen in der Regel Theorie-Praxis-Seminare oder ähnliche praxisbegleitende Lehrveranstaltungen an. Dabei werden relevante Fachinformationen praxisnah aufbereitet, um den Theorie-Praxis-Bezug aktiv zu begleiten. Des Weiteren

Themen und Aktivitäten der Lernortkooperation

Unter die Lernortkooperation fallen alle Aktivitäten und Themen, die der gegenseitigen Information, Abstimmung und Zusammenarbeit dienen:

- Ausbildungsleitfäden/Ausbildungspläne
- Anleiterinnen-Treffen
- Kooperationsgespräche beim Praxisbesuch der Praktikantin
- Austausch über Probleme und Maßnahmen der Krisenintervention
- gemeinsame Reflexion der Lernortkooperation mit Anleiterinnen oder auf Trägerebene

soll den Studierenden ein Rahmen gegeben werden, in dem Austausch und Reflexion zu allen relevanten Praxisthemen stattfindet.

Grundsätzlich wird „die Entwicklung von Konzepten der Lernortkooperation in sozialpädagogischen Ausbildungsgängen, von den jeweiligen Rahmenbedingungen (institutionell, rechtlich) und in starkem Maße von individuellen Einstellungen der Partner der beruflichen Ausbildung bestimmt, da sie nicht, wie Ausbildungen im dualen System, auf organisatorisch und inhaltlich standardisierte Kooperationsbeziehungen zurückgreifen können.
Diese Einstellungen basieren auf
- dem Fachwissen über die Bedeutung der Lernortkooperation,
- den Erfahrungen mit dem Arbeitsfeld und den berufsspezifischen Fachkräften,
- den kommunikativen Fähigkeiten,
- den Fähigkeiten, in einem interdisziplinären Arbeitsprozess zu agieren,
- den Leitzielen der jeweiligen Träger der Ausbildung“ (Albrecht 2010, S. 328 f.).

Die Ausbildungseinrichtung

Eine Ausbildungseinrichtung zu sein, bedeutet für die Kita oder Krippe, Bildungs- und Lernprozesse nicht nur für Kinder zu initiieren und zu gestalten, sondern sich auch als Lernort für angehende Kinderpflegerinnen, Erzieherinnen oder Kindheitspädagoginnen zu sehen. Dafür bedarf es neben einer qualifizierten Anleitung auch eines Umfelds, das die Ausbildungsbemühungen mitträgt, sich der Verantwortung bewusst ist und sich dabei als lernende Organisation begreift.

Fachkompetenz für den Traumberuf direkt vor Ort entwickeln

Über folgende Qualitätsmerkmale sollte der Lernort Praxis verfügen:
- „Die Ausbildung von Nachwuchskräften ist eine wichtige Personalentwicklungsaufgabe und gehört zur Verantwortung der Träger.
- Zur Konzeption der jeweiligen Einrichtung muss es gehören, sich selbst als einen Lernort zu definieren; das Team der Einrichtung versteht sich selbst als eine lernende Organisationseinheit; dieses Selbstverständnis wiederum ist die Voraussetzung dafür, dass sich die Einrichtung auch als Lernort für andere öffnet.
- Es besteht eine generelle Bereitschaft zur Entwicklung umfassender Beziehungen zum Lernort ‚Schule‘, die auch die Bereitschaft zur Mitwirkung am Ausbildungsprozess mit einschließt.
- Dem Lernort ‚Schule‘ ist regelmäßig eine Rückmeldung über den Leistungsstand der Schülerinnen zu geben.
- Die Berufsfähigkeit der Schülerinnen ist nach geklärten und benannten Kriterien zu beurteilen.
- Die Qualitätsstandards in der sozialpädagogischen Praxis werden vom Träger verantwortet“ (Fischer/Speck-Giesler 2014, S. 103).

2. Berufliche Handlungskompetenz entwickeln

Heutzutage ist der Kompetenzbegriff in aller Munde. Dies war nicht immer so. Erst durch die Einführung des DQR (Deutscher Qualitätsrahmen), der auf dem EQR (Europäischer Qualitätsrahmen) aufbaut, wurde 2013 die Grundlage für die kompetenzorientierte Neuausrichtung der Ausbildung geschaffen. „Kompetenz bezeichnet im DQR die Fähigkeit und Bereitschaft, Kenntnisse und Fertigkeiten sowie persönliche, soziale und methodische Fähigkeiten in Arbeits- oder Lernsituationen für die berufliche und persönliche Entwicklung zu nutzen. Kompetenz wird in diesem Sinne als Handlungskompetenz verstanden“ (Autorengruppe Fachschulwesen 2011, S. 12). Bereits im Jahr 2011 beschloss die Kultusministerkonferenz das Qualifikationsprofil „Frühpädagogik“, das für den jeweiligen Ausbildungsgang konkrete Kompetenzbereiche und Kompetenzen formuliert, die eine Kinderpflegerin, Erzieherin oder Kindheitspädagogin am Ende der Ausbildung oder des Studiums entwickelt haben sollte. Der Begriff „berufliche Handlungskompetenz“ beschreibt dabei das Ergebnis des Lernens zur Bewältigung von zukünftigen beruflichen Anforderungen.

Fachkompetenz und Personale Kompetenz

Mit dem Qualifikationsprofil „Frühpädagogik“ wurde erstmals eine Ausbildungsgrundlage geschaffen, die über die jeweilige Bundeslandebene hinaus verbindlich Inhalte und Strukturen für die Ausbildung am Lernort Praxis und am Lernort Schule festlegt. Laut dem Deutschen Qualitätsrahmen für lebenslanges Lernen sollte eine Praktikantin in nachfolgenden Kompetenzbereichen gefordert und unterstützt werden (s. Schaubild). Handlungskompetenz wird dabei auf zwei Grunddimensionen heruntergebrochen:

Kompetenzbereiche im DQR

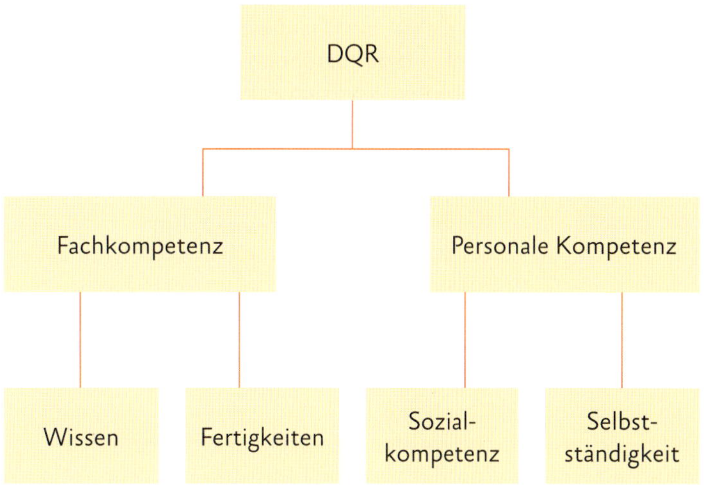

Die erste Dimension bildet die sogenannte Fachkompetenz ab. Sie setzt sich zusammen aus Wissen und Fertigkeiten. Darin integriert ist die Methodenkompetenz, die durch die praktische Arbeit entwickelt und vertieft wird. Im Rahmen der Anleitung ist diesbezüglich vor allem das Professionswissen der Anleiterin gefragt. Dieses macht sie im Rahmen der praktischen Arbeit und in Gesprächen mit ihrer Praktikantin erlebbar und begreifbar.

Die zweite Dimension bildet die Personale Kompetenz ab. Diese besteht aus den Bereichen Sozialkompetenz und Selbstständigkeit. Hier nehmen die eigenverantwortliche Umsetzung von Aufgaben und die regelmäßigen Reflexionsgespräche eine zentrale Rolle ein. Die Praktikantin wird dabei angeregt, über das eigene Handeln und die eigenen Haltungen nachzudenken. Sie nimmt sich und ihr Handeln im System (Team, Kindergruppe, Eltern, Träger) wahr. Hierfür braucht es den Rahmen der Anleitung und die Anleiterin selbst, um ein Bewusstsein für die eigene berufliche Person bzw. Rolle zu schaffen.

Lernergebnisse nach dem DQR

Bei den Kompetenzen des DQR handelt es sich um „Lernergebnisse“ (Outcomes), die angeben, was die Lernenden wissen, verstehen und in der Lage sind zu tun, nachdem sie die Ausbildung abgeschlossen haben. Im DQR wird der Kompetenzbegriff wie folgt definiert: „Kompetenzen sind die in lebenspraktischen Zusammenhängen weiterwirkenden Ergebnisse von Lernprozessen. Sie können grundsätzlich an verschiedenen Lernorten erworben werden“ (Bundesministerium für Bildung und Forschung 2020). Bezogen auf die berufliche Ausbildung zur Erzieherin und die damit verbundenen Handlungskompetenzen möchten wir zur näheren fachlichen Konkretisierung das kompetenzorientierte Qualifikationsprofil „Frühpädagogik – Fachschule/Fachakademie“, das sich speziell auf die Ausbildung zur Erzieherin bezieht, anführen. Die darin genannten Kompetenzen erscheinen für Sie als Anleiterin in ähnlicher oder zusammengefasster Form auch in den schulischen Ausbildungsleitfäden oder Ausbildungsplänen. Dem Qualifikationsprofil „Frühpädagogik“ liegen sechs zentrale pädagogische Handlungsfelder zugrunde. Aus ihnen leiten sich konkrete Kompetenzen ab, die im Rahmen der Ausbildung erworben werden sollen:

- Handlungsfeld 1: „Kinder in ihrer Lebenswelt verstehen und Beziehungen zu ihnen entwickeln“
- Handlungsfeld 2: „Entwicklungs- und Bildungsprozesse unterstützen und fördern“
- Handlungsfeld 3: „Gruppenpädagogisch handeln“
- Handlungsfeld 4: „Mit Eltern und Bezugspersonen zusammenarbeiten“
- Handlungsfeld 5: „Institution und Team entwickeln“
- Handlungsfeld 6: „In Netzwerken kooperieren und Übergänge gestalten“ (Autorengruppe Fachschulwesen 2011)

Hinzu kommt die Kompetenzdimension „Professionelle Haltung“. Diese stellt ein Querschnittsthema dar, das sich durch die komplette berufliche Handlungskompetenz einer Erzieherin oder einer Kinderpflegerin zieht.

Qualifikationsprofile

Das Qualifikationsprofil „Frühpädagogik“ wurde durch die Kultusministerkonferenz der Länder am 01.12.2011 verabschiedet und hat in seinen Ausführungen die Rahmenvereinbarung über Fachschulen (Beschluss der KMK

Literaturtipp

Herausgegeben vom Deutschen Jugendinstitut e.V. und der Robert Bosch Stiftung stehen die Qualifikationsprofile zur näheren Auseinandersetzung auf der Internetseite des Deutschen Jugendinstituts unter „Veröffentlichungen" kostenlos als Download zur Verfügung:

Qualifikationsprofil „Frühpädagogik – Berufsfachschule"
Für die Ausbildung zur Kinderpflegerin/Sozialassistentin:
https://www.dji.de/veroeffentlichungen/literatursuche/detailansicht/literatur/16486-qualifikationsprofil-fruehpaedagogik-berufsfachschule.html

Qualifikationsprofil „Frühpädagogik – Fachschule/Fachakademie"
Für die Ausbildung zur Erzieherin:
https://www.dji.de/veroeffentlichungen/literatursuche/detailansicht/literatur/16447-qualifikationsprofil-fruehpaedagogik-fachschule-fachakademie.html

vom 07.11.2002 i.d.F. vom 03.03.2010) ergänzt. Für die Ausbildung zur Kinderpflegerin gibt es das Qualifikationsprofil „Frühpädagogik – Berufsfachschule". Mit Blick auf die Studiengänge im Bereich Frühpädagogik wurde ein erweitertes Qualifikationsprofil entwickelt, das sich in seiner Grundausrichtung ebenfalls auf den DQR bezieht.
Dieses sieht folgende Handlungsfelder vor:

- Arbeit mit Kindern
- Zusammenarbeit mit Familien und Familienbildung
- Organisation und Management
- Vernetzung und Sozialraum
- Arbeit in Unterstützungssystemen
- Wissenschaft und Forschung

Mit den Qualifikationsprofilen wird ein länderübergreifender Rahmen für die qualitative Weiterentwicklung der Ausbildung frühpädagogischer Fachkräfte vorgelegt (vgl. Autorengruppe Berufsfachschule 2013). Dies ist notwendig und sinnvoll, denn die gestiegenen Anforderungen an die pädagogische Arbeit in den Tageseinrichtungen für Kinder haben notwendigerweise Auswirkungen auf die Qualifizierung der Fachkräfte. Sie betreffen sowohl das professionelle Selbstverständnis als auch die für die pädagogische Arbeit zukünftig benötigten Kompetenzen (vgl. ebd.). Dabei sind in den letzten Jahren besonders die personalen Kompetenzen von pädagogischen Fachkräften und Auszubildenden in den Vordergrund gerückt.

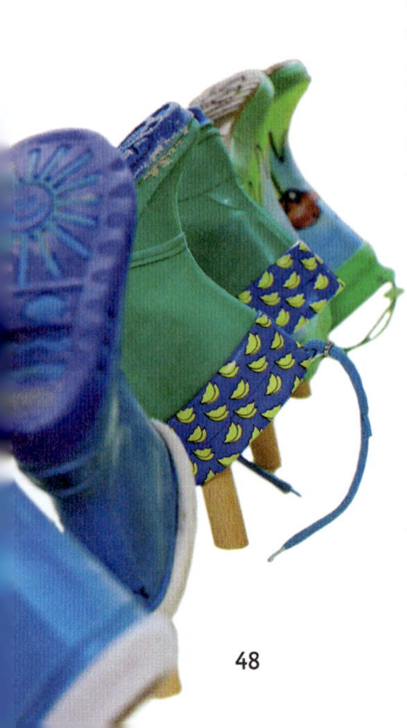

Zu den personalen Kompetenzen gehören auch soziale Kompetenzen wie z.B. Teamfähigkeit, Konfliktfähigkeit, Kommunikationsfähigkeit, Beziehungsgestaltung, Empathie, Selbstständigkeit etc.

Personale Kompetenzen

Es braucht ein gewisses Maß an personaler Grundkompetenz, um für die Ausbildung und den Beruf überhaupt geeignet zu sein. Von daher sollte jede Praktikantin bereits am Anfang ihrer Ausbildung darüber verfügen oder zumindest erahnen lassen, dass diese und weitere Kompetenzen in ihr schlummern. Als Anleiterin fragen Sie sich vermutlich, wie es gelingen kann, diese personalen Kompetenzen in ihrer Entwicklung zu begünstigen und zu unterstützen. Seien Sie in erster Linie Vorbild und geben Sie regelmäßig Feedback – gerade auch zu Themen, die mit personalen Kompetenzen in Verbindung stehen. Denken Sie gemeinsam mit Ihrer Praktikantin über pädagogische Fragen nach und begeben Sie sich dabei in einen gemeinsamen Denkprozess. Stellen Sie auch Reflexionsfragen, die die Praktikantin dazu veranlassen, über sich und ihre berufliche Identität nachzudenken.

Der Hirnforscher Gerald Hüther erläutert in dem Film „Erzieherin: Beruf oder Berufung" (s. Filmtipp rechts) die Bedeutung des Erfahrungslernens für den Aufbau von personaler Kompetenz. Er betont dabei, dass die Auszubildenden ihre eigenen biografischen Erfahrungen in den Ausbildungsprozess einbringen und diese nicht immer unbedingt förderlich für die Entwicklung von personaler Handlungskompetenz seien. Hat die Praktikantin als Kind und Jugendliche z.B. wenig Strukturierung erlebt, so kann es unter Umständen sein, dass ihr die eigene Strukturierung im Rahmen der Ausbildung schwerfällt. Aufgaben rechtzeitig zu beginnen, pünktlich in der Kita zu erscheinen, einen Überblick über Alltagsaufgaben zu haben, ist dann möglicherweise nicht leicht für sie. Gerald Hüther spricht sich dafür aus, dass Anleitungspersonen eines unbedingt tun sollten: die Praktikantin dazu einladen, Erfahrungen zu machen – neue Erfahrungen mit sich selbst, den Kolleginnen und Kindern –, um diese dann im Anleitungsgespräch zu reflektieren. Im günstigsten Fall gelingt es dann, negative Erfahrungen aus der eigenen Biografie mit neuen positiven Erfahrungen zu „überschreiben".

In erster Linie sind Sie als Anleiterin immer Vorbild. Sie sollten die eigene Begeisterung für den Beruf vorleben und für die Praktikantin erfahrbar machen. So kann es ihr gelingen,

Zentral: Die Entwicklung personaler Kompetenzen

personale Kompetenzen aufzubauen, auch wenn diese möglicherweise aufgrund der eigenen Sozialisation wenig oder ungünstig angelegt sind. Dennoch ist es natürlich auch von der Praktikantin abhängig, wie sehr sie sich für den Beruf und gegenüber ihrer persönlichen Entwicklung öffnet.

3. Entwicklungsaufgaben im Rahmen der Ausbildung

Lernen und der Aufbau von Handlungskompetenz erfolgt schrittweise und stets abhängig von der Persönlichkeit der Praktikantin. Innerhalb ihres individuellen Entwicklungsprozesses durchlaufen alle Praktikantinnen im Rahmen ihrer Ausbildung vier „Entwicklungsaufgaben". Holger Küls bezieht sich in seinem Werk „Didaktik der Sozialpädagogik" auf Thomas Havighurst, der in diesem Bereich forschte. Demnach sind Entwicklungsaufgaben Anforderungen, die innerhalb eines bestimmten Ausbildungsabschnitts erfolgreich bewältigt werden müssen, damit sich Entwicklung vollzieht und der/die Praktikant/in die nächste Entwicklungsaufgabe lösen kann" (Küls 2010, S. 102). Andreas Gruschka, Pädagoge und Hochschullehrer, definierte bereits 1985 in seinem Buch „Wie Schüler Erzieher werden" die vier zentralen Entwicklungsaufgaben, die Schülerinnen auf dem Weg zur ausgebildeten Erzieherin durchlaufen müssen:

1. Entwicklung eines Konzepts der zukünftigen Berufsrolle (Schwerpunkt ca. 1. Ausbildungsjahr)
2. Entwicklung eines Konzepts der pädagogischen Fremdwahrnehmung (Schwerpunkt ca. 2. Ausbildungsjahr)
3. Entwicklung eines Konzepts pädagogisch-praktischen Handelns (Schwerpunkt ca. 3. Ausbildungsjahr)
4. Entwicklung einer Strategie der Professionalisierung (Schwerpunkt im Berufspraktikum)

Diese Entwicklungsaufgaben hat Gruschka innerhalb eines Kollegschulversuchs wissenschaftlich ausdifferenziert und abgesichert. Sie führen zur beruflichen Identität und sind daher auch Teil der Persönlichkeitsentwicklung von angehenden Erzieherinnen, Kinderpflegerinnen oder Kindheitspädagoginnen (vgl. Gruschka 1985). Gruschka weist darauf hin, dass die Entwicklungsaufgaben aufeinander aufbauen. „Dazu integriert die jeweils aktuelle Entwicklungsaufgabe die vorhergehenden" (zitiert nach Küls 2010, S. 102). Als Beispiel führt er an: „Der Schüler, der die dritte Entwicklungsaufgabe angeht, kann diese nur lösen, wenn er hinsichtlich seiner Berufsmotive sicher ist (Konzept der zukünftigen Berufsrolle) und die Erfahrung gemacht hat, die Adressaten angemessen verstehen und auf sie zugehen zu können (Konzept der pädagogischen Fremdwahrnehmung)" (ebd., S. 102). Daher sind die Entwicklungsaufgaben nicht als Stufenmodell zu denken, sondern eher als Modell einer Abfolge, die dabei hilft, den Entwicklungsprozess einer Praktikantin transpa-

Filmtipp

ErzieherIn: Beruf oder Berufung

Empfehlenswert zum Thema personale Kompetenzen ist der Film von Kurt Gerwig mit dem Titel „ErzieherIn: Beruf oder Berufung" (https://www.av1-shop.de/filme/erzieherinnen/241/erzieherin-beruf-oder-berufung). Darin werden als personale Basiskompetenzen unter anderem Haltung, Empathie, Neugierde, Respekt, professionelles Rollenverständnis und Selbstkonzept beschrieben. Zentrale Bedeutung hat auch die Freude am Spielen mit Kindern bzw. sich darauf einlassen zu können.

rent zu machen, besser zu verstehen und reflektieren zu können. Im Folgenden stellen wir die Entwicklungsaufgaben näher vor und geben Anregungen, was Sie als Anleiterin zur Unterstützung Ihrer Praktikantin tun können.

Entwicklung eines Konzepts der zukünftigen Berufsrolle

Die Entwicklung eines Konzepts der eigenen zukünftigen Berufsrolle stellt die erste Entwicklungsaufgabe dar, die eine Praktikantin bewältigen muss, wenn sie eine ausgebildete pädagogische Fachkraft werden möchte. Zentrale Fragestellungen sind hier:

- Entspricht die Berufsrolle meinen Erwartungen?
- Habe ich mir die Rolle, die ich nun einnehme, so vorgestellt und passt sie zu mir?

Die Auseinandersetzung damit führt zu einem klareren Bild vom Beruf und von den damit verbundenen Aufgaben und Anforderungen. Es gilt aber auch, anfängliche Unsicherheiten auszuhalten und zu klären. In dieser Entwicklungsaufgabe steckt ebenso die Überprüfung der eigenen beruflichen Eignung:

- Möchte ich diesen Beruf wirklich erlernen?
- Kann ich zu Kindern Kontakt aufbauen und ihnen eine kompetente Begleiterin sein?
- Bin ich für die weiteren Aufgaben einer Erzieherin bzw. Kinderpflegerin geeignet?

Im Rahmen dieser Entwicklungsaufgabe vollzieht sich zudem ein wichtiger Prozess: Aus der Praktikantin, die einst von den Eltern und in Kita und Schule selbst erzogen wurde, wird nun die Person, die Kinder in der Einrichtung erzieht. Dies ist ein grundlegender und wichtiger Entwicklungsschritt auf dem Weg zum Aufbau eines professionellen Rollenverständnisses. Die Bewältigung dieses Perspektivwechsels in Form eines neuen Selbstverständnisses wirkt für den weiteren Ausbildungsprozess motivierend und strukturierend.

Als Anleiterin können Sie Ihre Praktikantin unterstützen, indem Sie im Rahmen des Anleitungsgesprächs auf obige und ähnlich gelagerte Fragestellungen durch Reflexionsimpulse eingehen. Zudem hilft es der Praktikantin, wenn sie eigene Vorstellungen mit Vorstellungen und Meinungen von Ihnen als erfahrener Erzieherin abgleichen kann. Als Anleiterin sind Sie in dieser Phase ein wichtiger Orientierungspunkt. Denn diese Phase ist in der Regel von anfänglichen Unsicherheiten und Irritationen geprägt. Praktikantinnen kopieren in dieser Phase das pädagogische Handeln ihrer Anleiterin. Sie handeln auf der Grundlage ihrer Beobachtungen und eigener Erfahrungen eher „aus dem Bauch heraus“. Bieten Sie sich daher als Vorbild an und seien Sie sich Ihrer Wirkung bewusst.

Entwicklung eines Konzepts der pädagogischen Fremdwahrnehmung

Bei dieser Entwicklungsaufgabe baut die Praktikantin ein Konzept davon auf, wie Kinder sich entwickeln, verhalten, lernen und spielen. Sie lernt Kinder kennen, kann sie zunehmend besser einschätzen und ihre Signale deuten. Sie gestaltet die Beziehung zu und die Interaktionen mit den Kindern und befindet sich somit in der Berufsrolle. Dadurch wird sie nun zur Erziehenden, hat den Perspektivwechsel von der Erzogenen zu der Erziehenden vollzogen. Diese Prozesse werden durch Unterrichtsinhalte am Lernort Schule, Praxisaufgaben sowie Erfahrungen am Lernort Praxis ermöglicht.

Als Anleiterin unterstützen Sie Ihre Praktikantin in dieser Phase, indem Sie ihr intensive Gespräche über Beobachtungen von einzelnen Kindern und Kindergruppen anbieten. Und auch über die Kontaktaufnahme der Praktikantin zu den Kindern sowie über Interaktionsprozesse zwischen ihr und den Kindern sollten Sie Gespräche führen. In dieser Phase ist es wichtig, die Praktikantin im Kontakt mit den Kindern zu beobachten, um ihr differenzierte Rückmeldung zu ihrem Handeln zu geben und Reflexion dazu anzubieten. Da sich Ihre Praktikantin nach wie vor an Ihnen als Vorbild orientiert, sind neben der gemeinsamen Reflexion auch ausreichende Möglichkeiten einzuplanen, bei denen die Praktikantin mit Ihnen gemeinsam handelt, Sie als Modell erleben kann. Dadurch gewinnt sie zunehmende Sicherheit im Umgang mit den Kindern und der Gruppe.

Entwicklung eines Konzepts pädagogisch-praktischen Handelns

Aufbauend auf den vorangegangenen Entwicklungsaufgaben erarbeitet sich die Praktikantin in dieser Phase ein eigenes pädagogisches Handlungsmodell. Während sie innerhalb der ersten beiden Entwicklungsphasen das Verhalten und Handeln der Anleiterin überwiegend kopiert, um an Sicherheit zu gewinnen, löst sie sich nun zunehmend von ihrem Vorbild und entwickelt ihr eigenes Konzept pädagogischen Handelns. Damit geht auch ein eigenes Rollenverständnis einher. „In dieser Phase der Ausbildung erarbeiten sich die Praktikanten/Praktikantinnen einen pädagogischen Standpunkt, z. B. zu Nähe und Distanz, Umgang mit Gruppen, Planung und Durchführung von Aktivitäten und etliches mehr“ (Küls 2010, S. 165).

Als Anleiterin unterstützen Sie Ihre Praktikantin, indem Sie ihr Aufgaben übertragen und sie im Anleitungsgespräch dazu anregen, pädagogische Themen und Situationen aus unterschiedlichen Blickwinkeln zu beleuchten. Im gemeinsamen Rückblick unterstützen Sie Ihre Praktikantin dabei, durch Reflexionsfragen ihr pädagogisches Handeln zunehmend fachlich zu begründen. Auch persönliche Einstellungen und Haltungen sollten in dieser Phase ausreichend thematisiert werden.

Entwicklung einer Strategie der Professionalisierung

Bei dieser letzten Entwicklungsaufgabe geht es darum, Haltungen und Strategien zu entwickeln, mit denen fachliche Kompetenzen und berufliche Identität ausgebaut werden können. Ziel ist es, die eigene Ausbildung als Fundament für die Arbeit an der eigenen Professionalisierung zu sehen und auch zu nutzen. Die Praktikantin entwickelt in dieser Phase die Fähigkeit, eigene Ziele und pädagogische Vorstellungen im Rahmen von institutionellen Bedingungen (Trägervorgaben und Vorgaben hinsichtlich der Erwartungen von Eltern und Team) pädagogisch begründet umzusetzen. Das Handeln erfolgt weitgehend selbstständig und eigenverantwortlich. Dabei erweitert die Praktikantin ihren Handlungshorizont und nimmt nun auch pädagogische Aufgaben neben der Arbeit am Kind wahr (z. B. Kooperations- oder Verwaltungsaufgaben). Die Praktikantin setzt sich mit ihrem erworbenen Wissen und ihrem eigenen Profil auseinander. Sie denkt darüber nach, in welchen Bereichen sie noch „Lücken“ hat, die sie gern füllen möchte.

Als Anleiterin geben Sie Ihrer Praktikantin in dieser Entwicklungsphase Freiraum zum eigenverantwortlichen und selbstständigen Handeln und bieten sich als Gesprächs- und Reflexionspartnerin an. Sie geben ihr Rückmeldung zum Entwicklungsstand und ermöglichen neue Erfahrungsräume, um Lücken zu schließen.

Damit diese Entwicklungsaufgaben bewältigt werden können, braucht es neben der fachlichen und professionellen Anleitung in der Praxis auch den Lernort Schule, der jede Entwicklungsaufgabe im schulischen Kontext aufgreift und mit dem nötigen Wissen und Fertigkeiten speist, dabei aber auch personale Kompetenzen wie Selbstständigkeit und Sozialverhalten im handlungsorientierten Unterricht fördert.

4. Praxisbesuche begleiten

Im Laufe der Ausbildung stehen verschiedene Lehrproben an. Diese finden in allen Ausbildungsformen (Ausnahme Hochschule) zweimal pro Ausbildungsjahr statt. Die Lehrkraft kommt in die Einrichtung und beobachtet unter bestimmten Gesichtspunkten das gezielte Angebot, das die Praktikantin mit den Kindern durchführt. Für Praktikantinnen, die ihr Praktikum im Rahmen eines Studiums absolvieren, gelten andere Vorgaben. Es finden keine Praxisbesuche statt. Lediglich kurze Beratungsgespräche können möglich sein. Hierzu besucht die Studiengangsleitung oder eine andere beauftragte Person die Praktikantin auf der Praxisstelle. Es findet ein Gespräch über das Praktikum statt. Dabei können der Praktikumsverlauf, die persönliche Situation, die institutionelle Situation, Fragen und Praxisaufgaben besprochen werden.

Rahmenbedingungen

Bei Ausbildungen an Fach- und Berufsfachschulen ist der zeitliche Umfang der Lehrproben (auch Praxisbesuch oder benoteter Besuch) in den Ausbildungs- und Prüfungsordnungen der einzelnen Bundesländer aufgeführt und geregelt. Die Lehrerin vereinbart, idealerweise beim Anleiterinnen-Treffen in der Schule, gemeinsam mit der Schülerin einen passenden Termin. Passend bedeutet, dass vor allem die Uhrzeit so abgestimmt wird, dass der Praxisbesuch den pädagogischen Alltag nicht zu sehr durcheinanderbringt.

Die Praktikantin überlegt gemeinsam mit der Anleiterin im Vorfeld, welche Kindergruppe geeignet wäre. Dabei kommt es stark auf die Interessen der Kinder an! Die Kinder sollten unbedingt mit einbezogen werden, damit bedürfnisorientierte pädagogische Arbeit stattfinden kann. Das Angebot kann aber natürlich auch zum Ziel haben, bestimmte Interessen der Kinder erst zu wecken! Nachdem die Kindergruppe für das Angebot ausgewählt wurde und das Thema des Angebots feststeht, wird die Planung konkreter: Die Praktikantin beginnt nun mit der schriftlichen Ausarbeitung des Angebots.

Hierfür gibt es von den einzelnen Fachschulen erarbeitete Vorgaben und Schemata, an die sich die Praktikantin hält. In der Regel beinhaltet die Vorgabe zu den Rahmenbedingungen des Angebots (wann und wo?) eine schriftliche Auseinandersetzung mit der Kindergruppe (mit wem?), eine Festlegung der Lernziele (wozu?), methodische Überlegungen (wie?) und eine Auseinandersetzung mit den für das Angebot verwendeten Materialien (womit?). Außerdem wird in der Regel ein möglicher Verlauf des Angebots in Form von schriftlich dargestellten Teilschritten gefordert. Die theoretischen Grundlagen, wie eine Ausarbeitung geschrieben werden sollte, werden in der Schule erarbeitet. Die Anleiterin übernimmt in diesem Prozess eine beratende Funktion. Gerade die schriftliche Bearbeitung fällt manchen Praktikantinnen schwer. Es gibt auch Praktikantinnen, die die Vorbereitung in schriftlicher Form lieber allein erledigen wollen. Ist dies der Fall, empfehlen wir Ihnen, ihr dennoch Ihre Unterstützung anzubieten. Aber auch hier ist es wichtig, von der Praktikantin Selbstständigkeit und Eigenverantwortung einzufordern.

Für den Praxisbesuch sollten Kinder und Praktikantin gut aufeinander eingespielt sein

Der Tag des Praxisbesuchs

Am Tag des Praxisbesuchs stellt sich in der Einrichtung generell eine gewisse Spannung ein, bringt der Besuch der Lehrkraft den Ablauf doch immer etwas durcheinander. Und nicht zuletzt kommt eine für die Kinder in der Regel fremde Person in die gewohnte Umgebung. Die damit verbundene Unruhe überträgt sich oft auf die Kinder. Versuchen Sie hier, möglichst gelassen zu bleiben, um Ihre eigene Ruhe auf die Kinder und die Praktikantin zu übertragen. Das Herzstück der Lehrprobe ist natürlich das gezielte Angebot selbst, das die Praktikantin mit den Kindern durchführt. Dies kann, je nachdem, was die Schule verlangt, in einer offenen oder einer geschlossenen Form geschehen.

Bei Berufspraktikantinnen beginnt der Praxisbesuch in der Regel mit einer Sequenz im Freispiel, die die Lehrerin unter bestimmten pädagogischen Aspekten beobachtet und bewertet, dann folgt die Durchführung des Angebots. Am Ende findet ein Reflexionsgespräch zwischen Praktikantin, Anleiterin und Lehrkraft statt. In diesem Gespräch werden nach einem vorgegebenen Ablauf nochmals alle Punkte rückwirkend betrachtet und beleuchtet. Alle am Gespräch Beteiligten schildern ihre Sicht auf den Praxisbesuch, den methodischen Ablauf, die gewählten Inhalte usw. Sie konzentrieren sich dabei auch auf das pädagogische Verhalten und den sprachlichen Ausdruck der Praktikantin gegenüber den Kindern. Auch Veränderungsvorschläge zur Weiterentwicklung werden mit eingebaut. Hierbei ergibt sich wieder ein gutes Übungsfeld für die Praktikantin, um Selbst- und Fremdwahrnehmung abzugleichen.

Das Reflexionsgespräch

In der Regel bringt die Praxislehrkraft Reflexionsfragen für ein gezieltes Reflexionsgespräch mit. Dies kann z. B. auch mit sogenannten Reflexionskarten geschehen, mit deren Hilfe einzelne Aspekte des Angebots hinterfragt werden können. Das Reflexionsgespräch ist vom zeitlichen Rahmen her ebenfalls in der Ausbildungs- und Prüfungsordnung festgelegt. Die Praktikantin sollte sich während des Reflexionsgesprächs Notizen machen. Die meisten Fachschulen geben eine schriftliche Auswertung des Reflexionsgesprächs vor. Formen der Reflexion sind in den einzelnen Handlungsfeldern im Unterricht verortet und werden dort mit den Schülerinnen behandelt und geübt. Die schriftliche Gesamtnote setzt sich dann aus Vorbereitung (schriftliche Ausarbeitung), ggf. Freispielbegleitung, Durchführung des Angebots und dem Reflexionsgespräch zusammen.

Welche Funktion übernehmen Sie als Anleiterin?

Die Praktikantin sollte den Praxisbesuch selbstständig vorbereiten, jedoch ist sie auf Ihre Unterstützung angewiesen: Stehen Sie ihr bei Fragen zur Seite. Bieten Sie ihr an, bei Fragen bezüglich der Ausarbeitung behilflich zu sein, allerdings sollte die schriftliche Ausführung in den Händen der Praktikantin liegen. Versuchen Sie der Praktikantin am Tag des Praxisbesuchs die Nervosität etwas zu nehmen, indem Sie ihr ermunternde Worte mit auf den Weg geben. Während des Praxisbesuchs ist es hilfreich und sogar erwünscht, dass Sie bei der Aktivität (und ggf. bei der Freispieleinheit) zugegen sind. Die Praktikantin nimmt Sie als Unterstützerin in der Prüfungssituation wahr und für die Kinder ist es wichtig, dass eine vertraute Bezugsperson anwesend ist. Ein bewusstes Eingreifen in die pädagogische Handlung sollte jedoch vermieden werden, da genau das die Leistung der Praktikantin ist, die am Ende bewertet wird. Insofern sollte sich die Praktikantin darin üben, auch mit unvorhergesehenen Situationen umgehen zu können. Beim Reflexionsgespräch ist dann Ihre Beteiligung als Mentorin von großem Vorteil und sehr erwünscht. Ihre Einschätzungen und Beobachtungen fließen mit ins Gespräch ein und tragen dazu bei, dass die Praktikantin dadurch ein gezieltes Feedback erhält und sich selbst besser einschätzen kann.

Ablauf eines Praxisbesuchs

Vorbereitung

- Auswahl der Kindergruppe
- Beobachten der Interessen der Kindergruppe
- Praktikantin entscheidet sich für ein Thema des Angebots
- schriftliche Umsetzung in Form einer Ausarbeitung
- Information an die Eltern, damit gewährleistet ist, dass die Kinder am Tag des Praxisbesuchs anwesend sind

Am Tag der Durchführung

- Raum vorbereiten
- Materialien (auch Ersatzmaterialien) bereitlegen
- Kinder vor Beginn des Angebots nochmals an den Toilettengang erinnern bzw. sie dorthin begleiten

Durchführung

- Lehrkraft kommt
- je nach Vorgabe: Begleitung einer Freispielsequenz
- Überleitung in das gezielte Angebot
- Durchführung des gezielten Angebots (offene oder geschlossene Form)

Nach der Durchführung

- evtl. kurze Pause
- Reflexionsgespräch
- Ausblick (ggf. Terminierung des nächsten Praxisbesuchs)
- offene Fragen klären
- Verabschiedung

Nachbereitung

- Reflexion schriftlich festhalten

Bewertungsmodule

- schriftlicher Teil (Ausarbeitung)
- ggf. Freispielsequenz
- Durchführung des Angebots
- Reflexionsgespräch mit schriftlichem Teil

Die Bewertung erfolgt ausschließlich durch die Praxislehrkraft. Die einzelnen Bewertungsmodule werden in der Regel nochmals in unterschiedliche Bewertungskriterien unterteilt.

5. Praktikumsleistung bewerten

Neigt sich das Praktikum dem Ende zu und der Abschied naht, wird je nach Art des Praktikums eine Beurteilung der Leistung verlangt. Diese zu formulieren und im Vorfeld zusammen mit der Praktikantin zu besprechen, ist Ihre Aufgabe als Anleiterin. Unter all den Aufgaben, die die Tätigkeit der Anleiterin mit sich bringen, ist diese oft die schwierigste. In Kapitel IV.2 („Formen von Anleitungsgesprächen") wurde bereits auf die Schwierigkeiten von Leistungsbewertungen eingegangen. Es gibt unterschiedliche Beurteilungsvorgaben: Befindet sich die Praktikantin noch in der schulischen Ausbildung (Unterkurs/Oberkurs), wird von der Fachschule oder der Berufsfachschule ein Bewertungsraster vorgegeben, welches Sie ausfüllen und zu einem vorgegebenen Termin an die Fachschule weiterleiten müssen. Die Beurteilung sollte im Vorfeld mit der Praktikantin besprochen werden, sodass diese die Möglichkeit hat, sich zu den vorgegebenen Punkten und dazu, wie Sie die Leistung einschätzen, zu äußern. In dieser (Jahres-)Beurteilung, die manche Fachschulen auch schon zum Schulhalbjahr verlangen, wird in der Regel eine kurze Beschreibung der Tätigkeit und der Tätigkeitsgebiete der Praktikantin verlangt. Auch sollen Sie als Anleiterin eine grobe Einschätzung geben, ob die Praktikantin für den Beruf überhaupt geeignet ist oder nicht.

Leistungsbewertung am Ende des Praktikums

Nach dem „freieren Teil“ folgt ein Teil, der anhand einer (Noten-) Einschätzungsskala bewertet wird. Hierbei gibt es unterschiedliche Beurteilungskriterien, die wie folgt aussehen können:

- Wie gestaltet sich die Arbeitsbereitschaft und Motivation der Praktikantin?
- Wie gestaltet sich ihr pädagogisches Verhalten gegenüber den Kindern?
- Wie plant und führt die Praktikantin Aktivitäten durch?
- Wie teamfähig ist die Praktikantin?
- Wie selbstständig bereitet sie vor und wie selbstständig arbeitet sie?
- Wie ist ihre Fähigkeit zur Reflexion und zur Kritikbereitschaft?

All diese Kompetenzen gilt es zu bewerten. Um der Praktikantin im Beurteilungsgespräch die Möglichkeit zu geben, sich zu den einzelnen Punkten zu äußern, sollte sie ihre Überlegungen im Vorfeld formulieren. Allerdings sollte es Ihre Bewertung, Ihre Einschätzung und am Ende Ihre Note sein!

Da regelmäßige Anleitungsgespräche, in denen Kompetenzentwicklung und Ziele der Praktikantin thematisiert werden, über das Jahr verteilt geführt werden, sollte es am Ende des Jahres zu keinen größeren Überraschungen bezüglich der Leistungsbeurteilung kommen. Eine Leistungsbeurteilung darf allerdings auch kritische Bewertungen enthalten. Sie dient nicht als Bewerbungsgrundlage für weitere Arbeitgeber. Dennoch legen die Praktikantinnen ihre Beurteilung häufig mit in die Bewerbungsmappe. In den meisten Bundesländern wird eine Bewertung der Praktikumsleistung gefordert, die sich auf die Notenskala der Schule bezieht. In der Übersicht unten werden die Notendefinitionen gemäß den schulrechtlichen Bestimmungen dargestellt.

Im Rahmen des Studiums müssen Sie als Anleiterin für Ihre Praktikantin in der Regel keine Beurteilung erstellen. Sie bestätigen lediglich mit Ihrer Unterschrift, dass das Praktikum abgeleistet worden ist, oder stellen einen Tätigkeitsnachweis aus. Dieser enthält Art und Inhalt der Tätigkeit, Beginn und Ende des Praktikums. Entstandene Fehlzeiten sollen dabei ebenfalls aufgeführt werden.

Quelle: KMK (1968): Erläuterung der Notenstufen bei Schulzeugnissen und Einzelergebnissen in staatlichen Prüfungszeugnissen. Vereinbarung vom 3.10.1968. Bonn: o. A.

Notentabelle

Notenbezeichnung	Notenziffer	Notendefinition gemäß KMK-Beschluss vom 3.10.1968
sehr gut	1	Die Note „sehr gut" soll erteilt werden, wenn die Leistung den Anforderungen in besonderem Maße entspricht.
gut	2	Die Note „gut" soll erteilt werden, wenn die Leistung den Anforderungen voll entspricht.
befriedigend	3	Die Note „befriedigend" soll erteilt werden, wenn die Leistung im Allgemeinen den Anforderungen entspricht.
ausreichend	4	Die Note „ausreichend" soll erteilt werden, wenn die Leistung zwar Mängel aufweist, aber im Ganzen den Anforderungen noch entspricht.
mangelhaft	5	Die Note „mangelhaft" soll erteilt werden, wenn die Leistung den Anforderungen nicht entspricht, jedoch erkennen lässt, dass die notwendigen Grundkenntnisse vorhanden sind und die Mängel in absehbarer Zeit behoben werden könnten.
ungenügend	6	Die Note „ungenügend" soll erteilt werden, wenn die Leistung den Anforderungen nicht entspricht und selbst die Grundkenntnisse so lückenhaft sind, dass die Mängel in absehbarer Zeit nicht behoben werden können.

6. Die Praktikantin verabschieden

Am Ende eines jeden Praktikums steht im Allgemeinen der Abschied von der Einrichtung an – für alle Beteiligten ein wichtiger Prozess, insbesondere für die Kinder. Durch das bewusste Abschiednehmen wird verdeutlicht, dass Abschiede zum Alltag gehören, dass Ablösung stattfinden muss, um Neubeginn zu ermöglichen. Die Praktikantin sollte in dieser Phase mit Ihnen gemeinsam überlegen, wie eine Gestaltung des Abschieds aussehen könnte. Steht ohnehin ein größeres Ereignis an, wie z. B. ein Sommerfest oder die Verabschiedung der angehenden Schulkinder, könnte dieser Anlass zur gleichzeitigen Verabschiedung der Praktikantin genutzt werden. Natürlich gehören zu einer Abschiedszeremonie auch kleine Besonderheiten wie Essen und Getränke, kleine Geschenke oder andere Dinge. Häufig haben Einrichtungen auch eine spezielle Kultur entwickelt, wie und nach welchem Ablauf Feste, Feiern und Verabschiedungen durchgeführt werden. Sie entscheiden dabei und legen einen Rahmen fest, der für alle Beteiligten stimmig ist. Bieten Sie der Praktikantin die Gelegenheit, sich an der Planung zu beteiligen. Der Lerneffekt hierbei ist groß und es lastet dadurch nicht alles auf Ihren Schultern. Was jedoch, wenn die Praktikumszeit ein jähes Ende während des Jahres findet? Durch Abbruch der schulischen Ausbildung, aus welchen Gründen auch immer, endet die Zeit des Praktikums möglicherweise schon früher. So kann es geschehen, dass sich die Praktikantin während des laufenden Jahres verabschieden muss. Auch hier empfehlen wir, den Abschied dennoch bewusst zusammen mit der Praktikantin und den Kindern zu gestalten. Der Rahmen hierfür muss nicht groß sein, aber die Praktikantin sollte erfahren, dass es zum guten Ton gehört, Menschen, die uns eine Zeit lang begleitet haben, mit denen wir ein Stück des (Ausbildungs-)Wegs gegangen sind, auf Wiedersehen zu sagen. Das Kita-Team hat sich vermutlich zum Zeitpunkt der Verabschiedung der Praktikantin schon Gedanken darüber gemacht, ob die Stelle für eine Praktikantin neu besetzt wird und wer die Aufgabe des Mentoring diesmal übernehmen wird.

Wir wünschen Ihnen viel Freude bei der Umsetzung und gutes Gelingen!

Literatur

Albrecht, B. (2010): Lernortkooperation in sozialpädagogischen Bildungsgängen. In: Jaszus, R./ Küls, H. (Hrsg.): Didaktik der Sozialpädagogik. Grundlagen für die Lehr-/Lernprozessgestaltung im Unterricht. Stuttgart: Holland + Josenhans, S. 328–329.

Autorengruppe Berufsfachschule (2013): Qualifikationsprofil „Frühpädagogik – Berufsfachschule". https://www.dji.de/veroeffentlichungen/literatursuche/detailansicht/literatur/16486-qualifikationsprofil-fruehpaedagogik-berufsfachschule.html (letzter Zugriff: 30.4.2020)

Autorengruppe Fachschulwesen (2011): Qualifikationsprofil „Frühpädagogik – Fachschule/ Fachakademie". https://www.dji.de/veroeffentlichungen/literatursuche/detailansicht/literatur/16447-qualifikationsprofil-fruehpaedagogik-fachschule-fachakademie.html (letzter Zugriff:30.4.2020)

Brandl, E. (2019): Anleitungsgespräche führen. 44 Methoden für die Begleitung im sozialpädagogischen Praktikum. München: Don Bosco.

Bundesministerium für Bildung und Forschung (2020): Wie ist der DQR aufgebaut? https://www.dqr.de/content/2314.php (letzter Zugriff: 30.4.2020)

Ellermann, W. (2010): Das sozialpädagogische Praktikum. Sozialpädagogische Praxis, Band 3. 2. Auflage, Berlin: Cornelsen Scriptor.

Fischer, S./Speck-Giesler, K. (2014): Praxisanleitung pädagogischer Fachkräfte. Der Weg zu mehr Qualität. Berlin: Cornelsen Scriptor.

Forschungsinstitut Betriebliche Bildung (o.J.): Konfliktsignale rechtzeitig erkenn. www.ausbildernetz.de/plus/waehrend/gruppen/konflikte/konfliktsignale.rsys (letzter Zugriff: 30.4.2020)

Gruschka, A. (1985): Wie Schüler Erzieher werden. Studie zur Kompetenzentwicklung und fachlichen Identitätsbildung in einem doppeltqualifizierten Bildungsgang des Kollegschulversuchs NW. Wetzlar: Buechse Der Pandora.

Küls, H. (2010): Persönlichkeitsorientierte Didaktikansätze in der Sozialpädagogik. In: Jaszus, R./ Küls, H. (Hrsg.): Didaktik der Sozialpädagogik. Grundlagen für die Lehr-/Lernprozessgestaltung im Unterricht. Stuttgart: Holland + Josenhans, S. 91–112

Ministerium für Kultus, Jugend und Sport Baden-Württemberg (Hrsg.) (2007): Gemeinsame Grundsätze des Kultusministeriums und des Sozialministeriums für die praktische Ausbildung der Erzieherinnen und Erzieher. www.fachschule-stuttgart.de/fileadmin/user_upload/Fachschule_Stuttgart/Downloads_Stuttgart/Downloads_allgemein/Kultusministerium_Erzieher-Ausbildung.pdf (letzter Zugriff: 30.4.2020)

Robert Bosch Stiftung (Hrsg.) (2011): Qualifikationsprofile in Arbeitsfeldern der Pädagogik der Kindheit. Ausbildungswege im Überblick. https://www.bvktp.de/media/pik_qualifikationsprofile_1_.pdf (letzter Zugriff: 30.4.2020)

Roth, G. (2003): Warum sind Lehren und Lernen so schwierig? https://www.die-bonn.de/doks/roth0301.pdf (letzter Zugriff: 30.4.2020)

Stamer-Brandt, P. (2011): Das Praktikum in der Kita. Freiburg: Herder.

Impressum

praxis kompakt: Praktikantinnen und Praktikanten kompetent anleiten ist ein Sonderheft von kindergarten heute – Das Fachmagazin für Frühpädagogik

Redaktion
Silke Dittmar (verantw.)
Tel. 0761/2717-209
E-Mail: dittmar@herder.de

Carolin Küstner
Tel.: 0761/2717-331
E-Mail: kuestner@herder.de

Anschrift der Redaktion
Hermann-Herder-Str. 4
79104 Freiburg
Tel.: 0761/2717-322
E-Mail: redaktion@kindergarten-heute.de
www.kindergarten-heute.de

Verlag

www.herder.de

Bildnachweis
Titelfoto: © AntonioGuillem – iStock by GettyImages Foto
S. 3: © Gudrun de Maddalena, Tübingen
Fotos S. 7, 16, 31: © Heidi Velten, Leutkirch
Fotos S. 32, 48: © Harald Neumann, Freiburg
Fotos S. 42, 44, 52: © Hartmut W. Schmidt, Freiburg
Fotos AdobeStock: S. 1: © bluedesign, S. 5: © mika (oben), © WoGi, S. 9: © contrastwerkstatt, S. 10: © Angie Lingnau (oben), © contrastwerkstatt, S. 13: © Alexander Raths, S. 17: © sawitreelyaon, S. 20: © Robert Kneschke (oben), © stockphoto-Graf, S. 23: © Yuriy Shevtsov, S. 28: © algae5, S. 34: © contrastwerkstatt, S. 38: © C. Schüßler, S. 41: © stockpics, S. 45: © psdesign1, S. 46: © elmar gubisch, S. 51: © fotomaedchen, S. 54: © lamaip
Fotos iStock by GettyImages: S. 8: © FatCamera, S. 14: © wavebreak, S. 24: © Burak Can Oztas,
Foto gettyimages: S. 18: © alvarez
Foto photocase: S. 49: © mophoto
Foto shutterstock: S. 27: © Roobcio

Layout, Satz und digitale Bearbeitung
rsrdesign, Wiesbaden, www.rsrdesign.de

Druck
Medienhaus Plump GmbH, Rheinbreitbach

Leserservice
Verlag Herder GmbH
Hermann-Herder-Str. 4
79104 Freiburg
Tel.: 0761/2717-379 oder 0761/2717-244
Fax: 0761/2717-249
E-Mail: kundenservice@herder.de

Kontakt Produktsicherheit
produktsicherheit@herder.de

Gedruckt auf chlorfrei gebleichtem Papier

Printed in Germany

Titelnummer 798
ISBN Print: 978-3-451-00798-9
ISBN E-Book (PDF): 978-3-451-81787-8